La reconstruction écologique et sociale post-Covid

© Éditions Le Bord de l'Eau - Collection La Muette, 2022
18 Rue du Commandant Cousteau - 33310 Lormont (F)
12 Avenue d'Uccle - 1190 Bruxelles (B)
www.editionsbdl.com - www.lamuette.be
editionslamuette@icloud.com
Directeur de collection : Bruno Wajskop

ISBN : 978 2 35687 9028
Dépôt légal : décembre 2022

La reconstruction écologique et sociale post-Covid

Sous la direction de

Arnaud ZACHARIE

LE BORD DE L'EAU

PRÉSENTATION DES AUTEURS

Arnaud Zacharie est secrétaire général du Centre national de coopération au développement (CNCD-11.11.11). Il est également maître de conférences à l'Université libre de Bruxelles (ULB) et à l'Université de Liège (ULiège), ainsi que professeur dans plusieurs Hautes Ecoles. Il est l'auteur de plusieurs ouvrages dont *Mondialisation et national-populisme : la nouvelle grande transformation* (2020), *La transition écologique et sociale. Pour une prospérité soutenable et partagée* (2020) et *Refonder le commerce mondial. Du libre-échange à l'échange durable* (2021).

Emmanuel André est médecin microbiologiste et responsable du laboratoire de diagnostic au pôle des maladies infectieuses de l'hôpital universitaire UZ Leuven. Il enseigne la microbiologie clinique à la KU Leuven. Il a été en 2020 porte-parole interfédéral du gouvernement belge pour la lutte contre le Covid-19.

Jean-Pascal van Ypersele est professeur de climatologie et de sciences de l'environnement à l'Université catholique de Louvain (UCLouvain). Membre de l'Académie royale de Belgique, il a été vice-président du GIEC et est l'auteur de nombreuses études et publications sur les changements climatiques.

Olivier De Schutter est professeur de droit international à l'UCLouvain et rapporteur spécial de l'ONU sur l'extrême pauvreté et les droits humains. Co-président du Panel international d'experts sur les systèmes alimentaires durables (IPES-Food), il a été rapporteur spécial de l'ONU sur le droit à l'alimentation de 2008 à 2014 et membre du Conseil économique, social et culturel de l'ONU de 2015 à 2020. Lauréat du prix Francqui en 2013, il est l'auteur de plusieurs publications, dont *Trade in the Service of Sustainable Development. Linking Trade to Labour Rights and Environmental Standards* (2015).

Isabelle Ferreras est présidente de l'Académie Royale de Belgique et professeure de sociologie à l'UCLouvain et à Harvard. Chercheuse au Centre de recherches interdisciplinaires Démocratie, Institutions et Subjectivité (CriDIS), elle est co-fondatrice de *Democratizing Work* et co-autrice du *Manifeste travail : Démocratiser, Démarchandiser, Dépolluer* (2020). Elle a publié plusieurs ouvrages, dont *Gouverner le capitalisme ? Pour le bicamérisme économique* (2012).

Kako Nubukpo est Commissaire à l'Union économique et monétaire d'Afrique de l'Ouest (UEMOA) en charge du département de l'agriculture, des ressources en eau et de l'environnement. Ancien doyen de la faculté des sciences économiques de l'Université de Lomé, il a été ministre togolais de la Prospective et de l'évaluation des politiques publiques de 2013 à 2015. Il est l'auteur de plusieurs ouvrages, dont *L'urgence africaine. Changeons le modèle de croissance* (2019) et *Une solution pour l'Afrique : du néoprotectionnisme aux biens communs* (2022).

Mathilde Dupré est co-directrice de l'Institut Veblen. Chroniqueuse sur France Culture et pour Alternatives Economiques, elle est co-autrice de *Après le libre-échange. Quel commerce international face aux défis écologiques ?* (2020).

Isabelle Durant a été secrétaire générale adjointe de la Conférence des Nations unies sur le commerce et le développement (CNUCED) de 2017 à 2022, vice-présidente du Parlement européen de 2009 à 2014 et vice-Première ministre du gouvernement belge de 1999 à 2003.

SOMMAIRE

INTRODUCTION

Les défis de la reconstruction post-Covid

Arnaud Zacharie

La pandémie de Covid-19 est un fait historique majeur d'envergure planétaire. Au-delà de ses conséquences sanitaires, elle a d'importantes répercussions sociales, économiques et politiques à l'échelle mondiale, dont certaines seront irréversibles.

L'histoire des pandémies permet de mesurer combien elles peuvent provoquer des ruptures et favoriser de grands basculements. On décompte une quinzaine de grandes pandémies depuis la peste noire du XIVe siècle, qui provoqua la mort du tiers de la population européenne dans le contexte de la « grande dépression médiévale »[1]. Il ressort de l'analyse des conséquences économiques de ces pandémies qu'elles peuvent durer près de quatre décennies et qu'elles ont tendance à peser négativement sur le rendement du capital au bénéfice des salariés[2]. Chaque pandémie est toutefois singulière dans sa durée, son intensité et son impact. L'épidémie de H1N1 n'a par exemple duré qu'une année en 2009, alors que la pandémie du sida persiste depuis plusieurs décennies.

Certaines pandémies ont favorisé un changement de régime socioéconomique, comme la peste noire du XIVe siècle qui amorça le changement des rapports sociaux menant progressivement à la crise terminale du système féodal et à l'avènement du capitalisme commercial, à la suite du déclin démographique qui a favorisé le basculement progressif du pouvoir des propriétaires fonciers vers les travailleurs de la terre puis les commerçants[3]. La conquête de l'Amérique par les Européens après 1492 a par ailleurs provoqué la diffusion d'épidémies qui ont ravagé les populations autochtones et conduit à la disparition de régimes sociopolitiques séculaires. Plus récemment, la « grande transformation »[4] de l'entre-deux-guerres, marquée par la montée des totalitarismes et l'effondrement de la société libérale en Europe, débuta avec la

1 Byrne P., *Encyclopedia of the Black Death*, ABC-CLIO, 2012.

2 Jordà O., Singh S. R. et Taylor A. M., « Longer-run economic consequences of pandemics », NBER Working Paper n°26934, avril 2020.

3 Boyer R., *Les capitalismes à l'épreuve de la pandémie*, La Découverte, 2020, p. 37.

4 Polanyi K., *La Grande Transformation. Aux origines politiques et économiques de notre temps*, Éditions Gallimard, 1983.

Première Guerre mondiale, mais aussi avec la grippe espagnole de 1918 qui provoqua la mort de dizaines de millions de personnes[5]. De nombreux siècles plus tôt, la chute de l'Empire romain a été favorisée par l'épidémie de la peste, qui tua près de la moitié de la population[6].

L'histoire de la pandémie de Covid-19 et de ses conséquences sur l'évolution des sociétés n'est pas encore complètement écrite. Plus de deux ans et demi après sa diffusion mondiale, l'analyse des événements permet cependant d'en mesurer l'ampleur immédiate. Le choc pour les sociétés humaines et l'économie mondiale est tel qu'un retour aux conditions qui existaient avant l'arrivée du virus semble illusoire. La configuration du « monde d'avant » détermine néanmoins la trajectoire des bouleversements favorisés par la pandémie, qui est un puissant révélateur des tendances lourdes qui existaient avant son irruption. La pandémie de Covid-19 a surgi dans un contexte international caractérisé par de profonds déséquilibres qu'elle a eu tendance à exacerber – même si elle a dans le même temps provoqué des ruptures qui pourraient en revanche favoriser une reconstruction écologique et sociale permettant de les résorber.

Le monde d'avant

Durant les années qui ont précédé le choc du coronavirus, l'économie mondiale restait affectée par les stigmates de la crise financière mondiale de 2008 et du cycle d'endettement qu'elle avait provoqué. Les banques centrales devaient lutter contre les effets récessifs des politiques d'austérité des années 2010. Malgré la digitalisation de l'économie et la montée en puissance des géants du numérique, la faiblesse de la productivité, de la croissance économique et des taux d'intérêt était telle qu'un nombre croissant d'économistes diagnostiquaient une « stagnation séculaire »[7] des économies industrialisées.

Le « monde d'avant » était en outre de plus en plus inégalitaire. Certes, les performances économiques de la Chine, et plus généralement des économies émergentes est-asiatiques, avaient permis de réduire les inégalités Nord-Sud depuis la fin du XXe siècle, mais les inégalités sociales avaient dans le même temps augmenté dans la majorité des pays. Les inégalités de revenu et de patrimoine étaient exacerbées par l'injustice fiscale et l'évasion de l'épargne des plus fortunés vers les paradis fiscaux – comme le révélaient les enquêtes des OffshoreLeaks, LuxLeaks, SwissLeaks et autres Panama Papers.

---

5 Forestier-Peyrat E., « Une grippe à 100 millions de morts », La Vie des Idées, 17 mars 2020.

6 Harper K., *The Fate of Rome: Climate, Disease & the End of an Empire*, Princeton University Press, 2017.

7 Teulings C. et Baldwin R., (dir.), *Secular Stagnation: Facts, Causes, and Cures*, CEPR Press, 2014 ; Eggertsson G. et Summers L., « Secular stagnation in the open economies: How it spreads, how it can be cured », VOX, 22 juillet 2016 ; Artus P. et Virard M.-P., *Croissance zéro*, Fayard, 2015.

Les émissions croissantes de gaz à effet de serre et la surexploitation des ressources naturelles provoquaient en outre des dégâts écologiques irréversibles alimentant le dérèglement climatique et menaçant la planète d'une sixième extinction de masse à la suite de la disparition de dizaines de milliers d'espèces animales et végétales offrant pourtant des services vitaux à l'humanité[8].

Le « monde d'avant » était également caractérisé par une « récession démocratique »[9] alimentée par l'insécurité économique et culturelle croissante des classes moyennes et populaires, dont une part grandissante s'est laissé séduire par le discours national-populiste qui prétend défendre les intérêts du peuple en prônant une société fermée censée le protéger contre les dérives de la mondialisation[10].

Enfin, les rivalités géopolitiques rendaient le « monde d'avant » de plus en plus instable et dangereux, avec la multiplication des conflits et des attentats terroristes, le retrait des États-Unis des organisations internationales orchestré par l'Administration Trump, la guerre commerciale et technologique entre les États-Unis et la Chine, les tensions croissantes entre la Russie et les pays occidentaux, le Brexit et la montée de l'euroscepticisme au sein d'une Europe de plus en plus désunie.

Le coronavirus a ainsi affecté une économie mondiale vulnérable, des sociétés inégalitaires et des modèles de développement insoutenables dans un contexte de désenchantement démocratique et de relations internationales conflictuelles. Or non seulement la pandémie a eu pour effet d'accélérer certaines tendances du « monde d'avant », mais ces dernières ont en outre influencé la manière dont les gouvernements y ont répondu.

La crise du Grand Confinement

Au début de l'année 2020, lorsque les gouvernements apprennent l'existence du coronavirus en Chine, ils préfèrent se réfugier dans le déni. Non seulement Pékin tarde à communiquer les informations sur le virus et cherche à en minimiser l'impact, mais lorsque le confinement de Wuhan est annoncé le 23 janvier, la mesure est jugée autoritaire par les gouvernements occidentaux, qui n'imaginent pas devoir appliquer à leur tour des mesures du même type moins de deux mois plus tard.

Le virus se répand d'abord en Asie de l'Est et du Sud-Est, puis dans l'ensemble de l'Asie en février. Lorsque surviennent les premiers cas et les premiers décès dans le nord de l'Italie, où plusieurs municipalités de Lombardie sont confinées dès le

8 IPBES, « Summary for policymakers of the global assessment report on biodiversity and ecosystem services of the Intergovernmental Science », 6 mai 2019.

9 Diamond L., « Facing Up to the Democratic Recession », *Journal of Democracy*, Vol. 26/1, janvier 2015, pp. 141-155.

10 Zacharie A., *Mondialisation et national-populisme. La nouvelle grande transformation*, BDL/La Muette, 2020.

21 février, le reste de l'Europe sous-estime les risques et préfère expliquer les déboires des autorités italiennes par leur mauvaise gouvernance. Pourtant, le virus se diffuse à une vitesse sidérante et atteint les pays en développement d'Amérique latine et d'Afrique. Le confinement de l'ensemble du territoire italien est ordonné le 9 mars. L'OMS qualifie le Covid-19 de pandémie le 11 mars. Quelques jours plus tard, les mesures de confinement sont appliquées ailleurs en Europe et dans le monde. Dès la fin mars 2020, plus de trois milliards de personnes sont confinées. La fermeture des lieux de travail devient obligatoire pour la majorité des personnes employées dans le monde. L'humanité entre alors dans l'ère du Grand Confinement.

Bien que les mesures de confinement se généralisent aux quatre coins du monde, les réponses politiques à la pandémie ne sont pas identiques. Le contraste est grand entre les pays d'Asie orientale, qui ont tiré les leçons du SARS qui les avait affectés entre 2002 et 2004, et les pays occidentaux, qui considèrent la menace virale comme lointaine et exotique et sont pris par surprise. Outre la réponse radicale de la Chine qui vise l'objectif « zéro Covid », plusieurs pays d'Asie-Pacifique (Corée du Sud, Taiwan, Hong Kong, Malaisie, etc.) maîtrisent le coronavirus en déployant une stratégie déjà rodée qui consiste à tester, tracer et isoler les personnes contaminées. En revanche, l'impréparation est patente en Europe et en Amérique, où les morts se multiplient alors qu'il manque des masques, des tests et des capacités de tracer les personnes contaminées. Certains, comme Donald Trump aux États-Unis ou Jair Bolsonaro au Brésil, minimisent la gravité du virus et sacrifient la santé publique des plus vulnérables dans l'espoir de préserver la croissance économique.

Alors que la pandémie illustre combien les sociétés humaines sont interconnectées et interdépendantes, la coopération internationale fait largement défaut. Les gouvernements se livrent à une compétition féroce sur le marché mondial pour acquérir des masques, des tests, des respirateurs, des médicaments et, plus tard, des vaccins. Certains États n'hésitent pas à accaparer des livraisons prévues pour d'autres pays, y compris entre États membres de l'Union européenne. Les États-Unis mettent fin aux relations avec l'OMS et négocient des contrats d'exclusivité avec des firmes pharmaceutiques. Le coronavirus ne peut être maîtrisé que si c'est le cas partout dans le monde, mais c'est pourtant le « chacun pour soi » qui prédomine.

Les conséquences économiques du coronavirus sont dramatiques. La récession est mondiale. La contraction de l'économie mondiale atteint -3,1 % en 2020. Il s'agit de la plus grave récession mondiale depuis la Deuxième Guerre mondiale. Dès février, la fermeture de l'économie chinoise provoque un premier choc qui perturbe les chaînes de valeur mondiales. En mars, la généralisation des mesures de confinement entraîne un double choc d'offre et de demande qui plonge l'économie mondiale dans une profonde récession et provoque une panique boursière.

Le choc économique est particulièrement violent dans les pays en développement, qui sont victimes de la plus grande fuite des capitaux de leur histoire – qui atteint près de 100 milliards de dollars en mars 2020[11]. La chute des revenus et la fuite des capitaux les menacent d'une violente crise de la dette. Pas moins de 85 pays en développement sont contraints de faire appel au FMI, qui met à disposition différents mécanismes de financement dont un fonds d'urgence à décaissement rapide[12]. En avril, le G20 annonce la suspension temporaire du service de la dette des pays à faible revenu – qui sera prolongé jusqu'à fin 2021.

Au même moment, les gouvernements des pays développés sortent le « bazooka budgétaire ». Ils sont décidés à dépenser sans compter pour soutenir « quoi qu'il en coûte » les économies confinées. Les interventions publiques annoncées entre mars 2020 et mars 2021 atteignent le montant colossal de 16 000 milliards de dollars[13]. Le dogme de l'équilibre des finances publiques vole soudainement en éclat, y compris dans l'Union européenne, où les règles budgétaires sont suspendues avant qu'un emprunt commun de 750 milliards d'euros soit pour la première fois décidé. Ces interventions publiques permettent d'éviter les faillites et le chômage de masse, mais la hausse record des dépenses et l'effondrement des recettes entraînent la plus forte augmentation de la dette depuis la Deuxième Guerre mondiale. La dette publique des pays développés rapportée à leur PIB augmente de 19 points de pourcentage entre 2019 et 2020 – soit l'équivalent en un an de l'augmentation de la dette que ces pays avaient enregistrée en deux ans à la suite de la crise financière mondiale de 2008-2009[14]. La dette privée augmente quant à elle de 14 points en 2020, ce qui représente une hausse près de deux fois supérieure à celle de 2008-2009.

Pour garantir la solvabilité des États et des entreprises, les banques centrales recourent au « bazooka monétaire » déjà utilisé en réponse à la crise de 2008, mais qu'elles activent dans des proportions encore plus importantes : entre mars 2020 et juin 2021, le bilan des banques centrales par rapport au PIB augmente de près de 15 points de pourcentage aux États-Unis, de plus de 20 points dans la zone euro et de près de 25 points au Japon[15]. Les banques centrales réduisent les taux d'intérêt, refinancent les banques et rachètent massivement des obligations d'États et d'entreprises pour éviter une crise de la dette. En particulier, la Réserve fédérale des États-Unis, la Banque centrale européenne et la Banque du Japon rachètent la majorité des dettes publiques émises pour répondre à la crise du Grand Confinement. La solvabilité de l'économie mondiale est devenue dépendante de la politique

11 Tooze A., « The Coronavirus Is The Biggest Emerging Crisis Ever », *Foreign Policy*, 28 mars 2020.

12 Zacharie A., « Du coronavirus à la crise de la dette des pays en développement », *Le Vif*, 11 avril 2020.

13 FMI, « Fiscal Monitor. A Fair Shot », avril 2021, p. 1.

14 Gaspar V., Medas P. et Perrelli R., « La dette mondiale atteint un niveau record de 226 000 milliards de dollars », FMI, 15 décembre 2021.

15 CEPII, *L'économie mondiale 2022*, La Découverte, 2021, p. 11.

monétaire expansive des banques centrales. Il en résulte une situation paradoxale : alors que la dette n'a jamais autant augmenté, son coût est plus faible que jamais. Les principales économies développées peuvent même s'endetter à des taux négatifs[16].

Le revers de la médaille de cette politique monétaire est qu'elle a tendance à exacerber les risques climatiques, les bulles financières et les inégalités de patrimoine.

D'une part, conformément au principe de « neutralité monétaire », les banques centrales financent les acteurs économiques de manière indifférenciée, sans faire de distinction entre les activités durables et polluantes. Autrement dit, elles ont tendance à préserver le caractère insoutenable du « monde d'avant » en finançant notamment les activités liées aux énergies fossiles. Par conséquent, les banques centrales ne prennent pas en compte les « cygnes verts »[17], c'est-à-dire les risques climatiques susceptibles d'engendrer à terme d'importantes pertes financières. Il existe trois types de risques climatiques : les risques de destruction physique d'infrastructures causés par des catastrophes naturelles, les risques juridiques pouvant découler de procédures judiciaires entreprises par les victimes de ces catastrophes et les risques de transition qui pourraient provoquer la dévalorisation des actifs « échoués », car liés aux énergies fossiles dont les gouvernements doivent sortir pour atteindre la neutralité carbone[18]. Or ces risques sont réels : un nombre croissant de pays visent la neutralité carbone et les dix catastrophes climatiques les plus coûteuses en 2021 – dont les inondations en Europe et en Chine et les tempêtes Ida et Uri aux États-Unis – ont causé des dommages assurés de plus de 170 milliards de dollars, tout en provoquant au moins 1 075 morts et le déplacement de 1,3 million de personnes[19]. C'est pourquoi la Banque centrale européenne finira par annoncer, en juillet 2022, qu'elle compte tenir progressivement compte du changement climatique dans ses achats d'obligations d'entreprises, son dispositif de garanties, ses exigences de déclaration et sa gestion des risques.

D'autre part, les liquidités injectées par les banques centrales via le secteur bancaire sont en partie utilisées pour des investissements spéculatifs ayant pour effet la formation de bulles financières et immobilières. L'épidémie provoque d'abord une panique boursière et un effondrement des cours à partir du 19 février, mais les liquidités injectées par les banques centrales inversent radicalement la tendance à partir de fin mars. À partir de cette date, la capitalisation boursière mondiale est multipliée par deux en

16 Zacharie A., « Grand Confinement et récession mondiale : Le temps des banques centrales », Étude Point Sud n°18, CNCD-11.11.11, juin 2020.

17 Bolton P., Despres M., Pereira Da Silva L.A., Samama F. et Svartzman R., *The green swan. Central banking and financial stability in the age of climate change*, BIS/Banque de France/Eurosystème, janvier 2020.

18 Scialom L. et Deyris J., « Quand le risque climatique devient risque financier », *Alternatives Economiques*, 22 octobre 2019.

19 Kramer K. et Ware J., « Counting the cost 2021. A year of climate breakdown », Christian Aid, décembre 2021.

dix-huit mois, tandis que les prix mondiaux du logement augmentent de plus de 5 % en 2020 puis de plus de 10 % en 2021[20]. L'argent facile favorise les prises de risques et les bulles boursières et immobilières qui peuvent déboucher à terme sur des crises financières[21].

L'augmentation des prix sur les marchés boursiers et immobiliers a en outre pour effet d'accroître les inégalités de patrimoine, car elle profite essentiellement aux plus riches qui détiennent des actions et des immeubles[22]. Par conséquent, la fortune des milliardaires augmente davantage au cours des dix-neuf premiers mois de la pandémie qu'au cours des quatorze années qui l'avaient précédée[23]. Il s'agit de la plus forte augmentation de patrimoine jamais enregistrée. Le monde connaît un nouveau milliardaire toutes les 26 heures en moyenne, alors que dans le même temps 163 millions de personnes supplémentaires basculent dans la pauvreté[24].

Une pandémie d'inégalités

L'effet des politiques monétaires sur les inégalités de patrimoine s'ajoute à celui des mesures sanitaires sur les inégalités de revenu[25]. La pandémie a tendance à augmenter les inégalités au sein des pays en réduisant de manière disproportionnée les revenus des travailleurs peu qualifiés, car les travailleurs les plus qualifiés peuvent plus facilement travailler à domicile, contrairement aux travailleurs moins qualifiés qui risquent de perdre une partie de leurs revenus, voire leur emploi à la suite des mesures de confinement. La pandémie incite par ailleurs les entreprises à accélérer l'automatisation des tâches routinières, ce qui affecte en particulier les travailleurs moins qualifiés, dont les emplois sont davantage menacés par la robotisation[26]. La réponse aux conséquences économiques de la pandémie a toutefois pour effet de réduire les inégalités salariales dans certains pays, comme aux États-Unis où les plans de relance et la baisse du chômage favorisent une augmentation plus rapide des faibles salaires que des salaires élevés. En revanche, les travailleurs du secteur informel, qui représentent 70 % des travailleurs dans les pays en développement, sont particulièrement affectés, car ils sont privés de sécurité sociale[27].

---

20 Knight Frank, « Global House Price Index », *Research*, Q4 2020 et Q4 2021.

21 Adrian T. et Natalucci N., « Weak Spots in Global Financial System Could Amplify Shocks », IMF, 10 avril 2019.

22 Artus P., « Politique monétaire expansionniste et inégalités », *Flash Economie* n°65, Natixis, 27 janvier 2021.

23 Oxfam, « Les inégalités tuent. Face aux inégalités record engendrées par le Covid-19, l'urgence de mesures sans précédent », *Oxfam International*, janvier 2022.

24 Loc. Cit.

25 Chancel L., Piketty T., Saez E., Zucman G. (coord.), « World Inequality Report 2022 », World Inequality Lab, 2021.

26 Anota M., « Avec la pandémie, les travailleurs doivent-ils craindre de voir arriver une vague de robots ? », *Alternatives Économiques*, 16 janvier 2021.

27 Cugat G. et Narita F., « How COVID-19 will increase inequality in emerging markets and developing economies », FMI, 29 octobre 2020.

La pandémie a également des conséquences sur les inégalités de genre, car les femmes qui ont des jeunes enfants sont davantage contraintes de réduire leurs heures de travail ou de quitter leur emploi à la suite des mesures de confinement[28].

Si le choc de la pandémie exacerbe les inégalités interpersonnelles, il crée également des gagnants et des perdants parmi les secteurs économiques. Outre les services hospitaliers menacés d'asphyxie, les secteurs les plus touchés sont ceux dont les activités sont les moins compatibles avec la distanciation sociale, comme le transport, la culture, le tourisme, les hôtels et les restaurants. À l'opposé, le secteur numérique bénéficie d'un effet d'aubaine. L'économie digitale est particulièrement adaptée au contexte du confinement. Les géants du numérique disposent des algorithmes et des capacités logistiques pour développer l'e-commerce et les livraisons à domicile, des applications pour communiquer à distance et faciliter le télétravail et l'enseignement à distance, des bases de données personnelles pour développer des applications de traçage en temps réel. La pandémie a pour effet de renforcer la position dominante des géants du numérique et de doper leurs profits et leur capitalisation boursière.

Un autre secteur qui sort gagnant de la pandémie est évidemment l'industrie pharmaceutique, en particulier les firmes qui ont réussi à développer et commercialiser un vaccin en un temps record. Dès la fin de l'année 2020, treize vaccins sont en phase 3 d'essai clinique – dont les vaccins d'Astra Zeneca, de Moderna et de Pfizer, le vaccin russe Spoutnik V et cinq vaccins chinois. La pandémie de Covid-19 donne lieu à la plus grande campagne de vaccination de l'histoire. En un an, plus de onze milliards de vaccins sont produits, dont près de la moitié en Chine et le reste essentiellement en Europe, aux États-Unis et en Inde. Loin de représenter un bien public mondial, comme plusieurs dirigeants l'avaient pourtant annoncé au début de la pandémie, les vaccins contre le Covid-19 sont répartis de manière inégale selon la loi du plus fort. Les États se concurrencent pour négocier secrètement avec les entreprises pharmaceutiques des précommandes destinées à leur population, avec pour conséquence que la majorité des vaccins disponibles sont monopolisés par les pays les plus riches au détriment des pays les plus pauvres. Début 2022, alors que les pays à haut revenu ont totalement vacciné près des trois-quarts de leur population, moins de 5 % de la population des pays à faible revenu ont reçu au moins une dose[29]. Cette inégalité vaccinale augmente les risques de variants plus contagieux et plus résistants aux vaccins, comme Delta et Omicron, qui ont pour effet de prolonger la durée de la pandémie et d'aggraver ses conséquences économiques et sociales.

28 Georgieva K., Fabrizio S., Gomes D. P. P. et Tavares M. M., « COVID-19 : il est urgent d'agir pour les mères », FMI, 30 avril 2021.

29 https://pandem-ic.com/mapping-the-unvaccinated-world/

Alors que les pays riches ont dépensé des dizaines de milliards d'euros pour financer la recherche, le développement et les précommandes des vaccins, ils refusent la suspension des droits de propriété intellectuelle demandée depuis octobre 2020 à l'OMC par les pays en développement[30]. L'OMS instaure par ailleurs en mai 2020 un mécanisme d'accès aux technologies contre le Covid-19, baptisé C-TAP, mais aucune société pharmaceutique n'accepte d'y participer et de partager ses technologies. Par conséquent, la campagne de vaccination repose sur les monopoles dont bénéficient les quelques firmes pharmaceutiques détentrices des brevets, qui enregistrent des dizaines de milliards de dollars de profits en contrôlant la production, la distribution et la fixation des prix.

L'initiative COVAX, lancée par l'OMS pour fournir deux milliards de doses de vaccins aux pays en développement en 2021, est concurrencée par les négociations bilatérales des pays riches. Elle se révèle par conséquent incapable d'atteindre ses objectifs par manque de doses – d'autant que l'Inde suspend en mars 2021 les exportations de vaccins pour faire face au variant Delta, alors que la majorité des doses que COVAX avait réussi à commander devaient être fournies par des entreprises indiennes. Seul un milliard de doses sont finalement fournies en 2021.

Il faudra attendre juin 2022, lors de la douzième conférence ministérielle de l'OMC, pour que les pays développés finissent par accepter d'octroyer plus de flexibilités pour permettre l'utilisation pendant cinq ans des brevets nécessaires à la production et à la fourniture des vaccins pour les pays en développement sans le consentement des détenteurs de ces brevets.

En définitive, la pandémie a pour effet d'augmenter les inégalités Nord-Sud. Certes, à court terme, les pays où la pandémie a provoqué le plus de morts sont généralement ceux qui ont subi les plus importantes pertes économiques[31]. Par conséquent, la contraction économique entre 2019 et 2020 a été en moyenne plus importante dans les pays développés (-4,5 %) que dans les pays en développement (-2 %). Cette moyenne masque cependant d'importantes disparités. La perte de revenu a été particulièrement importante en Amérique latine (-7 %), en Inde (-8 %) et en Afrique du Sud (-7,5 %)[32]. En outre, les pertes économiques attendues par rapport aux prévisions d'avant la pandémie sont nettement plus élevées dans les pays en développement, qui ont moins de marge de manœuvre budgétaire pour financer des plans de relance[33]. Alors que les soutiens budgétaires envisagés par les pays développés s'élèvent à 22,6 % du PIB, ils ne représentent que 6,2 % dans les pays en

30 Zacharie A., « Coronavirus, l'enjeu des brevets à l'OMC », *Le Soir/Carta Academica*, 6 mars 2021.

31 Deaton A., « COVID-19 and global inequality », NBER, janvier 2021.

32 FMI, « Perspectives de l'économie mondiale », octobre 2021.

33 Gopinath G., « La course est lancée entre les vaccins et le virus, alors que les rythmes de reprise divergent », FMI, 26 janvier 2021.

développement – et parmi eux seulement 2,4 % dans les pays en développement à faible revenu[34]. Par conséquent, les économies en développement semblent condamnées à se redresser plus lentement que les économies développées, avec pour effet d'accroître les inégalités Nord-Sud.

Le basculement du monde

La pandémie a également pour effet d'accélérer la convergence économique de la Chine avec les pays occidentaux. Malgré un ralentissement économique, la Chine est la seule économie du G20 qui évite une croissance négative en 2020 (+2,3 % contre -3,4 % aux États-Unis et -7,2 % dans la zone euro). La Chine maîtrise la diffusion du virus, relance les investissements dans les infrastructures dès l'été 2020, exporte des masques, des équipements de protection, des médicaments et des produits électroniques et informatiques dont le reste du monde a désespérément besoin. Les exportations chinoises augmentent de près de 30 % entre 2020 et 2021 et l'excédent commercial de la Chine atteint le montant record de 676 milliards de dollars en 2021 (dont 396 milliards avec les États-Unis)[35].

Certes, l'économie chinoise n'est pas exempte de profonds déséquilibres, comme l'illustre notamment la crise immobilière dont elle est victime. Une nouvelle vague de contaminations contraint par ailleurs le gouvernement chinois à imposer en mars 2022 de nouvelles mesures de confinement qui ralentissent l'économie, perturbent les chaînes internationales d'approvisionnement et génèrent une contestation grandissante de la stratégie « zéro Covid » qu'il applique de manière autoritaire et qui remet en cause l'efficacité de sa stratégie de vaccination. À court terme, la pandémie a néanmoins tendance à accélérer le basculement du monde[36].

Malgré la succession des vagues de contaminations, les enseignements de la première vague permettent de limiter leur impact économique. Par conséquent, l'économie mondiale rebondit de plus de 6 % en 2021. La désorganisation de l'offre et de la demande au niveau mondial provoque toutefois des ruptures dans les chaînes d'approvisionnement et des goulots d'étranglement dans l'économie mondiale[37]. Les retards de livraison, la hausse des prix et les pénuries concernent un nombre croissant de secteurs. Après la chute soudaine et simultanée de la production et de la consommation causée par les mesures de confinement au début de la pandémie, le rebond de la demande et des échanges de biens manufacturés est tellement vigoureux que

34 Chandraekhar C. P. et Ghosh J., « Prepare for a surge in global inequality », *Real-World Economics Review Blog*, 17 janvier 2021.

35 Les Echos, « Record d'exportations chinoises en 2021 », 14 janvier 2022.

36 Testard H., *Pandémie, le basculement du monde*, L'aube, 2021.

37 Rees D. et Rungcharoenkitkul P., « Bottlenecks: Causes and macroeconomic implications », *BIS Bulletin* n°48, 11 novembre 2021.

l'offre n'est pas en mesure de répondre aux besoins par manque de stocks disponibles. Après les masques au début de la pandémie, il manque désormais des semi-conducteurs pour produire les automobiles et les ordinateurs, des matières premières comme le bois ou les métaux pour la construction, des porte-conteneurs pour transporter les biens et de la main-d'œuvre pour les produire. Les prix de matières premières aussi essentielles que l'énergie ou les céréales flambent et nourrissent l'inflation, la pauvreté et la malnutrition.

Chaque gouvernement devant répondre dans l'urgence aux attentes de sa population dans un contexte d'incertitude et de concurrence internationale, la pandémie attise immanquablement les nationalismes et les rivalités géopolitiques. Comme le résume le spécialiste des relations internationales Bertrand Badie, « une fois renommé et "géopolitiquement" réduit, l'agent pathogène alimente tout naturellement la compétition entre nations, passant du statut de menace globale à celui d'enjeu de rivalités interétatiques »[38]. La Chine profite du contexte pour contrôler les géants chinois du numérique, renforcer la surveillance de sa population, mettre Hong Kong au pas et menacer Taiwan. L'arrivée au pouvoir de l'Administration Biden aux États-Unis, marquée par l'assaut du Capitole encouragé par un président sortant refusant de reconnaître le résultat des élections, ne change pas fondamentalement les relations avec la Chine. Les deux puissances rivales parviennent malgré tout à s'accorder sur la réforme de la taxation des multinationales à l'OCDE et à conclure une déclaration conjointe sur le renforcement de l'action climatique en marge de la COP26. Mais les tarifs douaniers sont maintenus et la guerre technologique bat son plein. Quant aux tensions entre la Russie et les pays occidentaux, elles atteignent leur apogée avec l'invasion de l'Ukraine par les troupes russes le 24 février 2022, qui menace les relations internationales de dislocation. La guerre en Ukraine exacerbe la flambée des prix des matières premières et la perturbation des chaînes d'approvisionnement mondiales. Le ralentissement économique s'ajoute à la poussée inflationniste pour menacer les économies de « stagflation »[39]. Dans un monde instable et dangereux, l'Union européenne prend conscience de ses dépendances et cherche à renforcer son autonomie stratégique et sa sécurité énergétique.

La succession des vagues de contaminations et des fermetures d'activités conduit par ailleurs à exacerber le désenchantement démocratique dans les pays occidentaux. Certes, plusieurs gouvernements gagnent en popularité durant la première vague, grâce aux mesures qui permettent de protéger l'économie et les revenus des citoyens. Toutefois, la répétition de mesures autoritaires dont la cohérence et l'efficacité sont de plus en plus remises en question a tendance à renforcer la fracture entre les gouvernants et les gouvernés. Le crédit de la parole politique est soumis à rude épreuve

38 Badie B., *Les puissances mondialisées. Repenser la sécurité internationale*, Odile Jacob, 2021, p. 109.

39 Banque mondiale, « Global Economic Prospects », *A World Bank Group Flagship Report*, juin 2022.

dès le début de la pandémie, lorsque des gouvernements minimisent l'importance du port du masque pour justifier les pénuries auxquelles ils font face. La gestion de la pandémie alimente la défiance des citoyens et la légitimité des décisions gouvernementales s'effrite inexorablement. Les décisions de fermer certains secteurs plutôt que d'autres provoquent immanquablement des mécontentements. La pandémie génère par ailleurs des théories conspirationnistes qui se multiplient sur les réseaux sociaux, en particulier au sujet des vaccins. Plus généralement, la contestation sociale grandit pour dénoncer non seulement la privation des libertés engendrée par les mesures sanitaires, mais aussi l'impact social de la flambée des prix.

En définitive, qu'il s'agisse des déséquilibres économiques et financiers, de la digitalisation, des inégalités sociales, des dérèglements climatiques, de la fatigue démocratique ou des rivalités internationales, les caractéristiques du « monde d'avant » ont tendance à être renforcées par le choc de la pandémie de Covid-19.

Toutefois, ce dernier conduit dans le même temps à d'importantes ruptures : l'État-providence et la protection sociale sont perçus comme d'indispensables remparts pour protéger les revenus et la santé des citoyens ; la politique monétaire est au service de la politique budgétaire et de la sécurité des emplois ; la résilience des chaînes de valeur mondiales est promue au nom de la sécurité d'approvisionnement ; les politiques publiques reposent sur les connaissances scientifiques et les citoyens modifient leur mode de vie dans l'intérêt général. Autant de ruptures qui sont nécessaires non seulement pour répondre à la pandémie, mais aussi pour opérer la transformation écologique et sociale qui permettrait de reconstruire un « monde d'après » débarrassé des déséquilibres du « monde d'avant » que la pandémie a tendance à exacerber.

Les ruptures du Grand Confinement

Le coronavirus est à l'origine d'une crise mondiale multiforme. Non seulement la pandémie est un puissant révélateur des crises internationales qui lui préexistaient, mais elle a par ailleurs contraint les gouvernements à abandonner plusieurs dogmes dans un contexte d'incertitude radicale. Ces ruptures sont susceptibles de favoriser l'émergence de modèles de développement moins inégalitaires et plus respectueux des écosystèmes, mais rien ne garantit cette perspective d'un « monde d'après » plus juste et durable.

La diffusion mondiale de la pandémie en fait une étape décisive dans le renforcement des interdépendances internationales entamé il y a plusieurs décennies avec la mondialisation. La pandémie est par définition un problème planétaire qui concerne les citoyens de tous les pays du monde. Comme le souligne l'économiste français Robert Boyer, « jamais n'avait été aussi intense la perception d'un destin commun, au point de rendre enfin plus audible les discours sur la nécessité de lutter aussi contre le changement climatique et de préserver la diversité des espèces »[40]. En revanche, alors que les précédentes épidémies avaient démontré les capacités de diffusion internationale des virus, la pandémie de Covid-19 a pris de court la plupart des gouvernements, car « la volonté de chacun d'entre eux de trouver une solution purement nationale a nié cette interdépendance et n'a guère facilité une coordination internationale pourtant nécessaire »[41].

L'historien de l'économie de l'Université de Columbia Adam Tooze considère ce manque de coopération internationale comme un « échec historique »[42]. Selon lui, le choc de la pandémie de Covid-19 provoque à la fois une crise du néolibéralisme et de l'âge de l'Anthropocène.

D'une part, la crise sanitaire a révélé la vulnérabilité des systèmes de santé gérés en fonction des objectifs économiques dans les pays développés et souffrant de sous-investissement et d'inégalités d'accès dans les pays en développement. Elle souligne l'imprudence qui consiste à considérer les dépenses de santé et de sécurité sociale comme des charges pesant excessivement sur la compétitivité des économies. Elle met également en lumière l'incapacité du marché libre à gérer un tel choc. Les marchés n'ont évité l'effondrement que grâce au « bazooka budgétaire » des États et au « bazooka monétaire » des banques centrales. Les interventions des États ont démontré qu'elles pouvaient préserver les revenus et les emplois malgré la mise à l'arrêt de l'économie mondiale.

Adam Tooze ne considère pas pour autant que les interventions massives des États signent inexorablement la fin de l'ère néolibérale. Si l'idéologie néolibérale du tout au marché est en perte de légitimité, le projet social du néolibéralisme et la forme de gouvernement qui en découle sont toujours bien vivants. En réalité, c'est la logique néolibérale de socialisation des pertes et de privatisation des profits qui est à l'œuvre depuis le début de la pandémie. L'objectif prioritaire des interventions publiques reste la stabilité des marchés. Les forces néolibérales et conservatrices ne cachent d'ailleurs pas leur intention de restaurer au plus vite la discipline de marché et l'austérité budgétaire et salariale.

D'autre part, la pandémie, en rendant l'environnement inadapté aux relations sociales, souligne l'importance de préserver l'habitabilité de la planète. Même si l'origine du virus reste à ce jour inconnue, le coronavirus est une zoonose, c'est-à-dire une maladie infectieuse transmise par l'animal à l'humain. La fréquence des zoonoses augmente à un tel point qu'elles représentent les trois quarts des nouvelles maladies

40 Boyer R., *Les capitalismes à l'épreuve de la pandémie*, La Découverte, 2020, p. 178.

41 *Ibid.*, p. 121.

42 Tooze A., *Shutdown. How Covid Shook the World's Economy*, Viking, 2021, p. 66.

infectieuses de ces dernières décennies. Ces zoonoses sont favorisées par la destruction des écosystèmes et des habitats des animaux sauvages qui les mettent plus facilement en contact avec les humains[43].

À cette aune, le coût économique et social de la pandémie met en lumière l'illusion qui consiste à faire reposer la prospérité économique sur la destruction des écosystèmes dont elle dépend. Autrement dit, « l'économiste découvre l'enchâssement de sa discipline dans les sciences de la nature »[44]. Outre l'importance de préserver les écosystèmes pour prévenir les pandémies, cette rupture est susceptible d'accélérer la prise de conscience de l'urgence climatique. En matière de pandémies comme de dérèglements climatiques, le coût de l'action pour prévenir les risques est nettement moins élevé que le prix de l'inaction.

La pandémie révèle par ailleurs les fragilités des chaînes de valeur mondiales et les dépendances stratégiques des économies industrialisées. La fermeture de l'économie chinoise en février 2020 a d'abord révélé la dépendance de la majorité des pays à l'égard de la Chine pour s'approvisionner en équipements médicaux, en produits électroniques ou en pièces détachées. Par la suite, les mesures sanitaires appliquées par les différents gouvernements en fonction de l'évolution particulière de l'épidémie dans chacun des pays ont eu pour effet de perturber de manière continue les chaînes d'approvisionnement internationales.

Ces ruptures dans les chaînes d'approvisionnement, exacerbées par la guerre en Ukraine, remettent en cause l'efficacité des délocalisations et des sous-traitances dans des pays lointains à bas salaires auprès d'un nombre limité de fournisseurs, ainsi que la gestion en flux tendus et « zéro stock ». Il suffit qu'un problème survienne à un endroit de la chaîne pour perturber l'ensemble de la production. Ces ruptures peuvent conduire les entreprises à privilégier la transparence des chaînes d'approvisionnement, la diversification des fournisseurs, la constitution de stocks stratégiques, le « nearshoring » et la relocalisation de secteurs stratégiques pour renforcer la résilience de leurs chaînes de production. Prévenir les risques pourrait ainsi impliquer de passer du « Just-in-Time » au « Just-in-Case »[45], car « les gestionnaires ont redécouvert que le juste-à-temps ne garantissait des bas coûts que si l'environnement était stable et prévisible »[46].

Cette approche du « Just-in-Case » a déjà été appliquée par les entreprises japonaises après le tremblement de terre de 2011. Elle a également été expérimentée ces dernières années par les entreprises affectées par des événements géopolitiques comme

43 IPBES, « IPBES Workshop on Biodiversity and Pandemics », *Executive Summary*, 2020.

44 Boyer R. op. cit., p. 53.

45 Yueh L., « The Drivers of Supply Chain Resilience », OCDE, 10 janvier 2022.

46 Boyer R., op. cit., p. 96.

le Brexit, la guerre commerciale entre les États-Unis et la Chine ou la tendance croissante des gouvernements à utiliser les sanctions économiques et commerciales pour gérer les conflits. Elle est aussi adaptée à la prévention des risques climatiques. Si elle devenait la nouvelle norme internationale, cette approche du « Just-in-Case » aurait d'importantes répercussions sur le cours de la mondialisation. Le choc de la pandémie a ainsi pour effet d'accélérer le « retour du politique et du stratégique dans la mondialisation »[47].

Certes, la digitalisation de l'économie, que la pandémie a accélérée, pourrait mener à une nouvelle phase de mondialisation centrée sur les services entre les personnes, car le développement de la télé-présence via les applications numériques permet la prestation de services à distance[48]. Une nouvelle forme de mondialisation pourrait ainsi s'imposer, centrée sur les services et le Big Data des géants du numérique qui collectent des données personnelles pour offrir des services à distance. Mais cette perspective pourrait être freinée par le découplage entamé par la guerre technologique entre les États-Unis et la Chine, tant Washington et Pékin n'ont nullement l'intention de laisser les entreprises de la puissance rivale avoir accès aux données personnelles de leurs citoyens. Selon l'économiste français François Levêque, « pour les plateformes numériques géantes, qu'elles soient chinoises ou américaines, les perspectives de globalisation à l'échelle de la planète entière sont dorénavant illusoires »[49].

Vers quel type de bifurcation ?

Ces ruptures pourraient amorcer une bifurcation vers un régime socioéconomique centré sur la réduction des inégalités, la transition écologique et la santé publique, mais de puissantes forces contraires rendent cette perspective hypothétique. Robert Boyer émet ainsi l'hypothèse de l'émergence d'un capitalisme « anthropogénétique » qui pourrait prendre le dessus sur le modèle dominé par la financiarisation et représenter un nouveau modèle centré sur l'éducation, la santé et la culture, en réponse à la demande de solidarité des citoyens et aux exigences de la transition écologique : « La perspective de ce nouveau mode de développement était déjà présente, mais sa reconnaissance tardait, car il n'avait pas de place dans les représentations, pour ne pas dire les idéologies, qui inspiraient décideurs publics et politiques. Les premiers succès dans la lutte contre le coronavirus suggèrent pourtant que la coordination entre acteurs est plus efficace que la délégation au marché de la production des biens médicaux. Cette démonstration suffira-t-elle à assurer que le modèle anthropogénétique sera celui du XXIe siècle ? Rien n'est moins sûr, car les sociétés contemporaines

47 Testard H., op. cit., p. 229.

48 R. Baldwin, *The Globotics Upheaval. Globalization, Robotics, and the Future of Work*, Oxford University Press, 2019.

49 Levêque F., *Les entreprises hyper-puissantes. Géants et Titans, la fin du modèle global ?*, Odile Jacob, 2021, p. 163.

sont travaillées par deux grandes tendances qu'il convient de prendre en compte : celle des capitalismes d'État, qui peuvent s'emparer de la santé comme instrument de légitimation ; et celle du capitalisme de plateforme et de surveillance, qui y trouve une remarquable source de profits »[50].

Boyer craint ainsi que les « utopies généreuses se heurtent à un renforcement sans précédent de la concentration du pouvoir économique dans un capitalisme transnational de plateformes qui promeut et permet une société de surveillance »[51]. Les géants du numérique sont en position de force pour conquérir de nouvelles parts de marché. La maîtrise des flux de données personnelles concernant les déplacements, les habitudes de consommation, la santé ou même les opinions des citoyens permet à des multinationales et des États d'instaurer une société de surveillance – à l'image du système de « crédit social » instauré en Chine, où le parti-État utilise les technologies numériques pour assurer le contrôle social, économique et politique de la population. Dans une société de marché comme aux États-Unis, le capitalisme de plateformes numériques, en permettant aux entreprises de s'affranchir du contrat de travail, est par ailleurs générateur d'inégalités. Le « monde d'après » pourrait ainsi consacrer l'avènement de « l'âge du capitalisme de surveillance »[52].

Une autre hypothèse peu réjouissante est l'accélération de la réaction nationaliste et identitaire qui pourrait découler de l'offensive des géants du numérique ayant pour effet de désarticuler les systèmes productifs nationaux et de polariser encore davantage les sociétés entre les gagnants de la mise en concurrence des territoires et les perdants de plus en plus précarisés : « Tel est le terreau dont se nourrissent les mouvements qui défendent l'identité nationale et demandent à l'État d'être le bouclier qui les protège du grand vent de la concurrence internationale qu'ils n'ont pas les moyens d'affronter »[53]. La pandémie a par ailleurs eu tendance à renforcer la société de défiance qui remet en cause la légitimité des décisions politiques, alors que la mise en œuvre d'un plan de reconstruction post-Covid ambitieux dépend de l'adhésion des citoyens. La fermeture des frontières pour raisons sanitaires décidée par la majorité des gouvernements a pu conforter les idéologies nationalistes. Le virus nationaliste pourrait ainsi se développer de plus belle au détriment de l'indispensable coopération internationale.

Cette tendance pourrait être exacerbée par les conséquences géopolitiques de la guerre en Ukraine. Les sanctions occidentales contre la Russie s'ajoutent à celles contre la Chine pour entraîner une forme de fragmentation de l'économie mondiale

50 Boyer R., op. cit., p. 94.
51 *Ibid.*, p. 172.
52 Zuboff S., *L'âge du capitalisme de surveillance*, Zulma, 2020.
53 Boyer R., op. cit., p. 183.

qui risque de mener à une « deuxième guerre froide »[54]. La mondialisation néolibérale, qui a prospéré sur les cendres de la Guerre froide, ne sortirait pas indemne du retour d'un monde bipolaire[55]. Si la mondialisation a été trop loin[56] et que son caractère néolibéral a eu tendance à favoriser les plus hauts revenus au détriment des classes moyennes et populaires[57], la résolution des enjeux mondiaux nécessite néanmoins le renforcement de la coopération multilatérale plutôt qu'une vague de replis nationalistes et l'instauration d'un nouveau « rideau de fer ». Plutôt qu'une démondialisation nationaliste et guerrière, le monde post-Covid a besoin de normes internationales favorisant la mondialisation du droit à la santé, du travail décent, de la justice fiscale, de la protection sociale et de la justice climatique.

La tendance à la repolarisation des relations internationales met les pays en développement dans une situation délicate, car ils sont généralement économiquement dépendants des deux pôles dominants[58]. C'est pourquoi la doctrine du « non-alignement », adoptée par les pays du tiers-monde durant la Guerre froide, pourrait faire son retour dans les relations internationales[59]. Près de la moitié des pays africains ont ainsi préféré s'abstenir ou ne pas participer au vote sur la résolution des Nations Unies du 2 mars 2022 condamnant l'invasion de l'Ukraine par les troupes russes[60], tout comme plusieurs pays émergents asiatiques comme l'Inde, le Pakistan ou le Vietnam qui se sont abstenus à l'instar de la Chine. Si 141 pays ont voté pour la résolution et seulement 5 pays ont voté contre, les pays abstentionnistes abritent près de la moitié de l'humanité. Plutôt qu'un monde bipolaire, c'est un monde multipolaire instable et conflictuel qui semble prendre forme.

D'un point de vue économique, la Chine a intérêt à ménager ses relations avec les partenaires commerciaux occidentaux qui sont beaucoup plus importants que la Russie, mais Pékin pourrait privilégier l'objectif géopolitique d'instaurer un nouvel ordre mondial post-occidental[61].

La demande croissante dans les démocraties occidentales d'un « État protecteur » face à l'instabilité mondiale peut favoriser l'agenda d'un Green New Deal, mais aussi l'agenda national-populiste et identitaire des partis d'extrême droite. L'agenda néolibéral de la financiarisation n'a par ailleurs pas dit son dernier mot. À ce stade, la

54 Galli C., « La deuxième guerre froide », *Le Grand Continent*, 12 juillet 2022.

55 Posen A. S., « The End of Globalization? », *Foreign Affairs*, 17 mars 2022.

56 Rodrik D., *Has globalization gone too far?*, Institute for International Economics, 1997.

57 Bourguignon F., *The Globalization of Inequality*, Princeton University Press, 2016 ; Milanovic B., *Inégalités mondiales. Le destin des classes moyennes, des ultra-riches et l'égalité des chances*, La Découverte, 2019 ; Ravallion M., « *Inequality and Globalization: A Review Essay* », *Journal of Economic Literature, 56(2), 2018.*

58 CNUCED, « The impact on trade and development of the war in Ukraine », Nations Unies, 16 mars 2022.

59 Adler D., « The West versus Russia: why the global south isn't taking sides », *The Guardian*, 10 mars 2022.

60 Vircoulon T., « La Russafrique : combien de votes ? », *The Conversation*, 13 mars 2022.

61 Wu H., « La Chine dans l'interrègne », *Le Grand Continent*, 14 mars 2022.

reprise en mains de la finance mondiale par les États vise à sauvegarder l'économie financiarisée en période de crise ou à sanctionner les pays ennemis en période de conflits ; elle n'est pas mise au service de la nécessaire transformation écologique et sociale[62].

L'avenir est incertain, mais la guerre en Ukraine s'ajoute au choc de la pandémie et aux crises internationales précédentes pour précipiter le retour de la géopolitique dans la mondialisation. Homo Politicus pourrait remplacer Homo Economicus[63]. Pour le meilleur ou pour le pire.

L'enjeu de la gestion de la dette Covid

La manière dont sera gérée la dette accumulée durant la pandémie de Covid-19 déterminera les capacités des États à financer la reconstruction écologique et sociale post-Covid. L'histoire économique nous enseigne qu'il existe quatre stratégies pour sortir du surendettement[64] : la croissance économique élevée permettant d'augmenter les recettes fiscales et de réduire le poids de la dette par rapport au PIB ; la politique d'austérité fondée sur la réduction des dépenses publiques et la hausse des impôts ; le défaut de paiement débouchant sur la restructuration ou l'annulation de la dette ; l'« euthanasie des rentiers » par une accélération de l'inflation menant à des taux d'intérêt réels négatifs qui entraînent un transfert de revenus des créanciers vers les débiteurs.

L'option de la croissance élevée semble illusoire dans le contexte actuel de « stagnation séculaire ». Le retour de l'austérité est à éviter à tout prix, car elle a un effet récessif et inégalitaire et est incompatible avec les objectifs climatiques qui nécessitent d'importants investissements publics. Tant que les banques centrales, qui détiennent une part croissante des dettes publiques, s'appliquent à maintenir les taux d'intérêt à un faible niveau, la soutenabilité de la dette est garantie. La « dominance fiscale », qui consiste à mettre la politique monétaire au service de la politique budgétaire pour aider au financement des dépenses publiques, a fait son grand retour. En vogue durant les Trente Glorieuses d'après-guerre, elle a été prohibée par la théorie monétariste de Milton Friedman qui a réduit le rôle des banques centrales à la stabilité des prix[65]. L'impact de la crise bancaire de 2008 puis de la pandémie de Covid-19 a changé la donne, en contraignant les banques centrales à assurer la soutenabilité des dettes publiques. La banque centrale du Japon a été la première à annoncer en 2016 le contrôle des taux d'intérêt à dix ans pour les maintenir proches de 0 % et assurer le

---

62 Couppey-Soubeyran J., « La puissance publique n'est plus en retrait de la finance, mais à son chevet », *Le Monde*, 2 avril 2022.

63 Zacharie A., « La fin de la mondialisation néolibérale ? », *Imagine Demain Le Monde*, mai-juin 2022.

64 Boyer R., op. cit., p. 169-170.

65 Friedman M., *The Counter-Revolution in Monetary Theory*, Institute of Economic Affairs, 1970.

financement de la dette publique japonaise dont le poids dépasse 250 % du PIB. Sans aller aussi loin, les autres grandes banques centrales, comme la FED et la BCE, s'appliquent également à garantir la soutenabilité des dettes publiques.

Tous les pays n'ont cependant pas les mêmes marges de manœuvre pour contrôler les taux d'intérêt à long terme. Les États-Unis, qui s'endettent dans la monnaie qu'ils émettent, n'ont pas de difficulté à rembourser leur dette, car la banque centrale peut toujours créer de la monnaie en cas de besoin. La tâche de la BCE est plus complexe, car elle doit contrôler les taux d'intérêt à long terme des dix-neuf États membres de la zone euro qui s'endettent dans une devise qu'ils ne contrôlent pas directement au niveau national. La marge d'action est encore plus restreinte dans les pays en développement qui s'endettent en devises étrangères, car les banques centrales de ces pays n'ont pas les moyens de créer la monnaie nécessaire pour payer leurs dettes extérieures. La vulnérabilité est encore accrue lorsque la dette extérieure en devises étrangères est détenue par des créanciers étrangers qui peuvent fuir à tout moment[66].

C'est pourquoi le G20 a lancé une initiative de suspension du service de la dette, qui a permis à 48 pays à faible revenu sur 73 pays éligibles de bénéficier d'une suspension du paiement de 12,9 milliards de dollars de dettes entre mai 2020 et décembre 2021[67]. Cette initiative n'a toutefois pas suffisamment impliqué les créanciers privés et n'a consisté qu'à reporter la charge de la dette à plus tard. Par conséquent, la majorité des pays à faible revenu étaient surendettés ou en situation de risque élevé de surendettement lorsque l'initiative a pris fin en 2022[68]. Ces pays ne disposent pas de la marge d'action budgétaire suffisante pour financer leur transition écologique. Ils ont besoin de mesures plus ambitieuses, comme la mise en œuvre d'une initiative multilatérale permettant de restructurer les dettes publiques insoutenables et de les convertir en investissements verts[69].

Quant à l'inflation, elle est une arme à double tranchant. D'un côté, l'inflation a pour effet mécanique de réduire la valeur des dettes et peut mener les taux d'intérêt réels en territoire négatif, mais de l'autre, elle représente une limite à l'endettement public et peut générer des effets redistributifs négatifs pour les ménages dont les revenus n'augmentent pas au même rythme que les prix. En outre, l'inflation place les banques centrales face à un dilemme, car elles sont censées garantir à la fois la

66 Grjebine T., « Comment (di)gérer des dettes publiques élevées ? », in CEPII, *L'économie mondiale 2022*, La Découverte, 2021.

67 https://www.worldbank.org/en/topic/debt/brief/covid-19-debt-service-suspension-initiative

68 Chabert G., Cerisola M. et Hakura D., « Restructuring Debt of Poorer Nations Requires More Efficient Coordination », FMI, 22 avril 2022.

69 Volz U., Akhtar S., Gallagher K. P., Griffith-Jones S., Haas J., « Debt Relief for a Green and Inclusive Recovery. A Proposal », Heinrich Böll Stiftung/Global Development Policy Center/Center for Sustainable Finance, novembre 2020.

stabilité des prix, la stabilité financière et la soutenabilité des dettes. D'un côté, combattre l'inflation en augmentant les taux d'intérêt risque de causer une récession, de provoquer des crises de la dette et de freiner les investissements publics nécessaires pour la transition écologique et sociale ; de l'autre, privilégier la soutenabilité de la dette implique de tolérer un taux d'inflation supérieur à l'objectif théorique et de maintenir les taux d'intérêt à long terme à un niveau très faible, avec le risque de nourrir des bulles spéculatives en incitant les investisseurs à s'endetter pour investir sur les marchés boursiers et immobiliers[70].

Or la flambée des prix des matières premières, du transport et des biens concernés par les problèmes d'approvisionnement, ainsi que les effets de la préservation des marges bénéficiaires des entreprises et des imposants plans de relance aux États-Unis ont provoqué une hausse inquiétante de l'inflation. Cette dernière atteignait 7 % aux États-Unis et 5 % dans la zone euro en décembre 2021, puis a continué de croître à la suite de la guerre en Ukraine pour atteindre 9,1 % aux États-Unis et 8,6 % dans la zone euro en juin 2022. La Réserve fédérale et la BCE ont réagi en annonçant un resserrement progressif de la politique monétaire signifiant la fin de l'argent gratuit. Cette évolution n'est pas en soi négative, puisqu'elle signifie que l'économie a moins besoin des mesures monétaires exceptionnelles. Le risque est toutefois que les banques centrales surréagissent en augmentant les taux d'intérêt trop rapidement dans un contexte économique, géopolitique et sanitaire très instable – avec pour effet de provoquer une rechute de l'économie mondiale et d'accentuer les risques de crise de la dette. En Europe, l'augmentation des taux d'intérêt entamée par la BCE en juillet 2022 a fait ressurgir le spectre de la hausse des écarts de taux (*spreads*) entre États membres – incitant la BCE à se doter d'un nouvel « instrument de protection de la transmission » lui permettant d'opérer des achats illimités d'actifs en cas de problème. Aux États-Unis, le relèvement progressif des taux d'intérêt annoncé dès janvier 2022 et entamé en mars a provoqué des réactions négatives sur les marchés financiers – non seulement aux États-Unis, où les actions ont perdu 20 % de leur valeur au cours du premier semestre 2022, mais aussi dans les pays en développement endettés en dollars et qui dépendent des capitaux étrangers pour équilibrer leur balance des paiements.

La politique monétaire joue ainsi un rôle aussi complexe que central dans la reconstruction post-Covid, avec des conséquences majeures sur les prix, la stabilité financière et la soutenabilité des dettes. Comme le résume Robert Boyer, « deux violations de l'orthodoxie économique – refinancement monétaire de la dette publique et acceptation d'un déficit structurel sur moyenne période – stabilisent des économies qui explorent ainsi une *terra incognita* pour la théorie économique standard. À vrai dire,

70 Artus P. « Conflit d'objectifs pour les Banques centrales : pourquoi l'instabilité financière est inévitable », *Flash Economie* n°87, Natixis, 1 février 2022.

personne à ce jour ne sait comment se terminera cette aventure. Il faut en attendre des surprises aussi considérables que fut l'irruption du coronavirus »[71].

Une polycrise mondiale

De fait, les conséquences de la crise du Grand Confinement n'ont pas fini de surprendre ; en 2022, les superlatifs sont de mise pour décrire les nombreux déséquilibres qui déstabilisent le système international. Après avoir connu en 2020 la pire récession depuis la Deuxième Guerre mondiale, l'économie mondiale a successivement expérimenté la croissance la plus rapide depuis cinquante ans (de -3,1 % en 2020 à + 6,3% en 2021), puis le plus fort ralentissement des perspectives de croissance depuis quatre-vingts ans[72].

Selon le rapport de la Banque des règlements internationaux (BRI) adressé au G20 en juillet 2022, l'économie mondiale est sous la menace d'une « tempête parfaite »[73]. La conjonction de trois facteurs risque de former un cocktail explosif pour la stabilité du système financier international : l'inflation galopante nourrie par la flambée des prix des matières premières et les goulots d'étranglement dans les chaînes de valeur mondiales, le durcissement de la politique monétaire des banques centrales et les niveaux élevés des dettes publiques et privées et des prix de l'immobilier.

Les taux d'inflation dans les économies occidentales atteignent des niveaux qu'ils n'avaient pas connus depuis les chocs pétroliers des années 1970, après des décennies de très faible inflation favorisée par la réduction des coûts de production permise par les délocalisations dans les pays à bas salaire. L'indice des prix alimentaires de la FAO a atteint un niveau record en mars 2022, après avoir augmenté de 33 % en un an[74] – dépassant ainsi les pics précédents de 2008 et 2011 qui avaient respectivement débouché sur des émeutes de la faim dans quarante pays en développement et sur le « printemps arabe ». Les prix de l'énergie, en particulier du gaz en Europe, ont décuplé, alors que la réduction des livraisons de gaz russe menace l'Union européenne de pénuries contraignant les gouvernements à envisager des rationnements.

Face à l'inflation, les gouvernements sont pris entre deux feux : d'un côté, ils doivent répondre à la demande sociale de compenser l'érosion du pouvoir d'achat engendrée par l'inflation ; de l'autre, ils doivent démontrer aux investisseurs financiers que la viabilité à long terme de leur dette est assurée. Le conflit capital-travail est ainsi au cœur de la reconstruction post-Covid. La flambée des prix provoque une onde de

71 Boyer R., op. cit., p. 171.

72 Bank for International Settlements, « Annual Economic Report », BIS, juin 2022.

73 Bank for International Settlements, « Macro-financial stability frameworks and external financial conditions », Report submitted to the G20 Finance Ministers and Central Bank Governors, juillet 2022.

74 https://www.fao.org/newsroom/detail/fao-food-price-index-posts-significant-leap-in-march/fr

choc mondiale qui crée des tensions sociales et politiques aux quatre coins du monde[75].

Afin de juguler l'inflation, les banques centrales opèrent le plus important relèvement des taux d'intérêt depuis des décennies et planifient de réduire leurs bilans à une vitesse inédite – après les avoir fait croître à une rapidité sans précédent en 2020 et 2021. Un tel resserrement monétaire dans un contexte d'endettement public et privé élevé et de bulles financières et immobilières ne peut que mener au ralentissement économique et à l'instabilité financière. Le ralentissement concerne tous les principaux pôles économiques : les États-Unis et l'Union européenne qui sont aux prises avec les forces « stagflationnistes », la Chine qui impose des mesures strictes de confinement et les pays en développement surendettés.

Alors que la multiplication des sécheresses, des incendies et des inondations illustre au Sud comme au Nord les conséquences des dérèglements climatiques, l'impact de la pandémie sur les émissions mondiales de gaz à effet de serre a rapidement été effacé : après avoir baissé de 4,6 % en 2020 à la suite des mesures de confinement, elles ont rebondi de 6,4 % en 2021 pour atteindre un nouveau record historique[76].

Dans le contexte de pandémie persistante, de changement climatique et de guerre en Ukraine, la conjonction des ruptures d'approvisionnement, des pressions inflationnistes et récessives et des déséquilibres financiers conduit à une « polycrise »[77] mondiale dont les symptômes sont liés et s'autonourrissent. Le dérèglement des chaînes de production découlant de la reprise post-Covid puis de la guerre en Ukraine a nourri la flambée des prix et l'inflation, qui à son tour affecte les revenus des ménages et incite les banques centrales à durcir la politique monétaire, avec pour effet d'accentuer les risques de récession et de crise financière. Si elle n'est pas surmontée, cette polycrise pourrait mener à la crise terminale du modèle de développement fondé sur la financiarisation, les chaînes de valeur mondiales complexes, tendues et opaques, les énergies fossiles abondantes et bon marché, la déformation du partage des revenus au détriment des salaires et les inégalités mondiales[78].

Contraints de répondre à cette polycrise dans un contexte d'incertitude radicale, les gouvernements ont tendance à réagir dans l'urgence aux différentes crises qui se

---

75 Bouissou J., « La flambée des prix, une onde de choc mondiale qui crée des tensions sur les cinq continents », *Le Monde*, 24 juillet 2022.

76 https://blogs.imf.org/2022/06/30/greenhouse-emissions-rise-to-record-erasing-drop-during-pandemic/

77 Tooze A., « Calibrating the polycrisis - with the help of the Bank of International Settlements », *Chartbook* #131, 26 juin 2022.

78 Godin R., « L'inflation alimente le risque d'une crise systémique de l'économie », Mediapart, 29 juin 2022 ; Artus P., « Le prix à payer dans les pays de l'OCDE pour avoir des taux d'intérêt bas a été l'ouverture des échanges avec les pays émergents, l'utilisation des énergies fossiles et la déformation du partage des revenus au détriment des salariés : est-ce un problème si cette organisation change ? », Natixis, *Flash Economie* 525, 15 juillet 2022.

succèdent sans garantir que les réponses à court terme sont cohérentes avec les objectifs à plus long terme. Il peut en résulter des choix coûteux, opérés sans respecter toutes les procédures démocratiques et susceptibles de nourrir une prochaine crise en voulant enrayer celle qui monopolise toute l'attention politique à court terme. Le défi consiste au contraire à tirer toutes les leçons de la polycrise mondiale actuelle afin de prendre les mesures cohérentes permettant d'instaurer un modèle de développement plus stable, plus équitablement réparti et plus respectueux des écosystèmes. C'est l'enjeu de la reconstruction écologique et sociale post-Covid dont il est question dans ce livre.

Pour une reconstruction post-Covid juste et durable

Comprendre les ressorts de la polycrise mondiale qui découle de la crise du Grand Confinement pour définir la voie d'une reconstruction juste et durable implique d'adopter une approche interdisciplinaire. C'est l'ambition de ce livre collectif qui réunit des spécialistes de plusieurs disciplines (microbiologie, climatologie, droit international, sociologie, économie, relations internationales, sciences politiques et sociales) qui ont pour la plupart une solide expérience dans les organisations internationales[79].

Cet ouvrage est divisé en trois parties et comporte sept chapitres. La première partie analyse, à travers deux chapitres rédigés par Emmanuel André (chapitre I) et Jean-Pascal van Ypersele (chapitre II), les causes et les conséquences des pandémies et des dérèglements climatiques, ainsi que la manière de les prévenir et de s'y adapter. Ils décrivent comment un modèle de développement insoutenable a rendu les sociétés humaines plus vulnérables aux pandémies et aux catastrophes climatiques.

La deuxième partie comporte trois chapitres qui détaillent comment faire reposer la reconstruction post-Covid sur des modes de production et de consommation durables. Dans le chapitre III, Olivier De Schutter plaide pour une reconstruction post-Covid centrée sur la réduction des inégalités, à travers des politiques redistributives permettant de créer les conditions d'une véritable égalité des chances, car des sociétés ayant une répartition des revenus plus égalitaire sont à la fois mieux outillées pour mettre la croissance économique au service de la réduction de la pauvreté et pour réduire leur empreinte écologique.

Dans le chapitre IV, Isabelle Ferreras propose de mettre fin à l'instrumentalisation du vivant en abolissant la possibilité de le traiter comme une marchandise, ce qui implique d'aller plus loin que la redistribution en garantissant l'emploi et la justice

79 Ce livre est le fruit d'une collaboration qui a débuté lors des Assises de la coopération internationale organisées en septembre 2021 à Bruxelles par le Centre national de coopération au développement (https://www.cncd.be/assises-2021).

démocratique interne à l'entreprise, à travers l'instauration d'un mécanisme de double majorité du Conseil d'administration et du Conseil d'entreprise pour valider la stratégie de l'entreprise. Elle souligne l'importance d'articuler démocratisation et démarchandisation du travail dans le but de dépolluer l'environnement.

Dans le chapitre V, Kako Nubukpo décrit les quatre transitions – démographique, écologique, fiscale et démocratique – que l'Afrique doit opérer pour réussir les transformations structurelles durables dont le continent a besoin. Il souligne combien le manque d'emplois formels et de recettes fiscales, la dégradation des écosystèmes, le manque de légitimité des gouvernements africains et l'absence d'un narratif européen parlant à l'Afrique représentent autant d'obstacles pour les sociétés africaines, avant de détailler les mesures qui pourraient favoriser à la fois la protection des écosystèmes, l'industrialisation et le développement durable en Afrique.

La troisième et dernière partie porte sur le financement de la reconstruction post-Covid. Dans le chapitre VI, Mathilde Dupré détaille les mesures permettant de mettre la fiscalité, la finance mondiale et le commerce international au service d'un Green New Deal mondial, qui nécessite d'encastrer l'économie dans les limites sociales et environnementales planétaires. Elle réalise un état des lieux des mesures susceptibles d'enrayer l'évasion fiscale, d'orienter les flux financiers vers les activités durables et de rendre les règles du commerce mondial cohérentes avec les objectifs de la reconstruction écologique et sociale.

Enfin, dans le chapitre VII, Isabelle Durand souligne la nécessité, malgré le contexte géopolitique actuel, d'aborder la reconstruction post-Covid dans un cadre de coopération multilatérale renouvelé, afin d'y intégrer les pays en développement et d'être en mesure de répondre de manière efficace et légitime aux enjeux mondiaux du XXIe siècle. En particulier, aucun Green New Deal planétaire ne pourra advenir sans garantir les financements dont les pays en développement ont besoin pour atteindre les Objectifs de développement durable.

Partie I

L'ère des pandémies et des dérèglements climatiques

CHAPITRE 1

Évoluer vers une société capable de prévenir et répondre aux risques pandémiques

Emmanuel André

La pandémie de Covid-19 a mis en évidence combien les sociétés humaines modernes peuvent être impactées par l'émergence ou la réémergence de maladies causées par des microbes qui étaient jusqu'à aujourd'hui confinés dans des réservoirs environnementaux. Ces réservoirs sont multiples et presque inépuisables : ce sont les animaux et les insectes, mais aussi l'eau et le sol. Si 200 000 ans de coexistence entre *Homo sapiens* et notre environnement ont permis à l'espèce humaine de s'adapter lentement à ces risques infectieux, les bouleversements environnementaux et climatiques rapides en cours depuis quelques décennies ont comme conséquence directe d'exposer les humains à des pathogènes qu'ils n'avaient jamais rencontrés et face auxquels ils sont donc plus vulnérables. Nous entrons donc dans une ère où le risque pandémique est plus présent que par le passé.

Les conséquences économiques et sociales de la pandémie soulignent en outre que la santé publique – c'est-à-dire ensemble de choix et projets sociétaux informés par une connaissance biomédicale en constante évolution – est une condition *sine qua non* pour assurer ou maintenir la prospérité de nos sociétés.

Prévenir et s'adapter à l'ère des pandémies implique non seulement de comprendre les relations complexes qu'entretiennent les humains avec les microbes, mais aussi de s'inquiéter de l'évolution des maladies infectieuses chez les animaux, qui doivent être considérés comme des signaux d'alertes – voire des signes prémonitoires – du risque pandémique pour les humains. C'est l'objectif de ce chapitre qui se divise en trois parties : dans un premier temps, nous chercherons à comprendre la dynamique des interactions entre les êtres humains et le monde microbien ; nous chercherons ensuite à comprendre pourquoi nos sociétés sont devenues plus vulnérables aux pandémies à la suite de l'évolution de la démographie, des relations entre le monde animal et les humains, du climat, de la biodiversité et de la résistance aux médicaments ; enfin, nous identifierons les mesures à prendre dans le cadre de la reconstruction post-Covid pour permettre aux sociétés humaines de se préparer et de s'adapter au risque pandémique croissant auquel elles sont exposées.

Comprendre nos relations avec les microbes

Depuis toujours, l'espèce humaine est en interaction incessante avec le monde microbien. À titre d'exemple, notre microbiome digestif est un écosystème complexe composé de milliards de bactéries et de virus qui interagissent entre eux et avec le corps humain. Ces microbes nous sont non seulement nécessaires, mais ils régulent aussi en partie notre immunité et nos humeurs. Alors que tous ces organismes microscopiques sont relativement simples quand ils sont pris isolément, la somme et les interactions entre les millions de gènes présents dans notre microbiome permettent au corps humain de compléter son arsenal de fonctions bien au-delà de l'extraordinaire complexité du génome humain, composé de – seulement – 23 000 gènes. Les bactéries et les cellules de notre corps prennent tour à tour des relais jusqu'à transformer notre nourriture en énergie, en molécules exploitables pour notre croissance et en vitamines essentielles[1]. L'étude des équilibres entre tant d'espèces qui vivent en symbiose fait recours à des nouvelles technologies et des méthodes de recherche que le monde scientifique commence à peine à maîtriser. Ces technologies les plus récentes, dites multi-omiques, tentent d'approcher les possibilités presque infinies offertes par les interactions incessantes entre tant d'organismes qui co-évoluent dans des environnements sans cesse changeants. On peut s'attendre à ce que ces études révèlent dans les années qui viennent une à une les pièces d'un puzzle qui font de nous des êtres à la fois vulnérables et capables d'une extraordinaire capacité d'adaptation. Il apparaît déjà que le microbiome, cet écosystème microbien qui colonise notre système digestif, est en réalité dans un constant exercice d'équilibre, étant exposé sans cesse aux aliments que l'on mange, aux antibiotiques que l'on ingère pour traiter des infections bactériennes et à tant de substances toxiques pour les bactéries qui sont présentes dans notre environnement. Lorsque cet équilibre est rompu pendant une période prolongée, le microbiome modifié peut jouer un rôle précipitant ou aggravant par rapport à de nombreuses maladies telles que le diabète, l'obésité ou encore certaines maladies neurologiques ou métaboliques[2].

Au travers de nos contacts incessants avec les microbes que nous touchons, que nous avalons et que nous respirons, mais aussi avec ceux que nous avons adoptés et avec lesquels nous vivons en symbiose[3], les microbes exercent un rôle détermi-

---

1 Valdes A. M., Walter J., Segal E., « Role of the gut microbiota in nutrition and health », BMJ, 13 juin 2018 ; Agus A., Clément K., Sokol H., « Gut microbiota-derived metabolites as central regulators in metabolic disorders », *BMJ*, 3 décembre 2020.

2 Everard A., Belzer C., Geurts L., Cani P. D., « Cross-talk between *Akkermansia muciniphila* and intestinal epithelium controls diet-induced obesity », PNAS, vol. 110 n°22, 13 mai 2013 ; Le Roy T. et al., « Dysosmobacter welbionis is a newly isolated human commensal bacterium preventing diet-induced obesity and metabolic disorders in mice », *BMJ*, 8 juin 2021 ; Han, S., Van Treuren, W., Fischer, C.R. et al., « A metabolomics pipeline for the mechanistic interrogation of the gut microbiome », Nature 595, pp. 415-420, 14 juillet 2021.

3 Belkaid Y. et Hand T., « Role of the Microbiota in Immunity and inflammation », *Cell*, vol. 157, issue 1, pp. 121-141, 27 mars 2014.

nant dans le développement et le maintien de notre système immunitaire. L'incroyable diversité de ces microbes expose les cellules immunitaires logées dans nos muqueuses digestives et respiratoires à une stimulation constante et diverse[4]. Ces contacts se font le plus souvent à bas bruit car, n'étant pas outillés pour traverser des barrières physiques telles que notre peau ou nos muqueuses, la toute grande majorité des micro-organismes ne font le plus souvent que nous effleurer sans atteindre les compartiments internes et stériles de notre corps. Ils ne provoquent donc pas d'infection. Ces contacts suffisent cependant pour développer un arsenal immunitaire impliquant notamment diverses familles de globules blancs et la création d'un spectre d'anticorps d'une grande polyvalence, garants d'une capacité de réponse rapide en cas d'infection.

Une véritable infection a lieu quand un microbe parvient à traverser les barrières naturelles de notre corps que sont notre peau et nos muqueuses, et qu'il parvient grâce à des facteurs de virulence à envahir et détruire les cellules avec lesquelles il rentre en contact. Très souvent, ce sont des microbes naturellement présents dans notre propre corps qui causent ces infections. *Neisseria meningitidis* ou *Streptococcus pneumoniae*, qui peuvent causer des méningites ou des septicémies rapidement mortelles peuvent aussi se retrouver dans notre gorge sans que nous n'en ressentions la moindre gêne. Une infection est donc souvent un événement opportuniste, où le microbe profite d'une baisse transitoire de notre immunité pour envahir nos tissus et s'y multiplier. Une infection peut aussi être favorisée, et nous en discuterons largement plus loin, par l'absence d'immunité préalable face à des pathogènes nouveaux, émergeant d'écosystèmes que nous rencontrons pour la première fois. Notre immunité ne se construit donc que face à ce que l'on connaît déjà, et perd en efficacité chaque fois que les agressions microbiennes sont causées par des pathogènes d'un nouveau type. Stimuler notre immunité de façon générale (par une alimentation équilibrée) ou ciblée (par les vaccins) sont autant de mesures devenues nécessaires pour pallier l'inconstance et les limites de notre système immunitaire.

Il existe cependant des exceptions à une règle qui voudrait que « ce qui ne nous tue pas nous rend plus fort » : certaines infections, même bénignes en apparence, peuvent provoquer – souvent à retardement – une réaction immunitaire paradoxale ou des lésions chroniques, parfois évolutives et à bas bruit. On peut dès lors observer des lésions graves du cœur ou des reins après une angine, ou même des paralysies

4 Ottman N. et al., « Soil exposure modifies the gut microbiota and supports immune tolerance in a mouse model », *The Journal of Allergy and Clinical Immunology*, vol. 143, issue 3, pp. 1198-1206, 1 mars 2019 ; Robinson, J.M., Cando-Dumancela, C., Antwis, R.E. et al., « Exposure to airborne bacteria depends upon vertical stratification and vegetation complexity », Sci Rep 11, 9516, 4 mai 2021.

après une infection virale d'apparence bénigne[5]. Le virus qui cause la varicelle peut se réactiver des années après une primo-infection et causer un zona particulièrement douloureux. Les symptômes prolongés et variés, parfois très handicapants, qui peuvent suivre une infection au Covid-19 soulèvent beaucoup de questions et d'inquiétudes au moment où nous écrivons ces lignes[6].

Une autre exception majeure à cette règle est le cas de l'infection au virus de l'immunodéficience humaine (VIH). Si l'infection par ce virus provoque rapidement une réaction immunitaire mise en évidence par l'apparition d'anticorps, ceux-ci ne parviennent pas à contrôler l'infection qui devient dès lors chronique. Au fil du temps, et en l'absence de traitement, la multiplication permanente du virus va consommer les globules blancs dans lesquels il se multiplie. Cela entraîne au bout de quelques années une immunodéficience et une susceptibilité accentuée à de très nombreux autres microbes. On parle alors du syndrome d'immunodéficience acquise (SIDA), un stade de la maladie où les infections sévères causées par d'autres virus, champignons et bactéries se multiplient et mettent à chaque fois la vie du patient en danger[7].

Nous sommes des êtres chimériques, modulés par les microbes

Les interactions historiques incessantes avec une multitude de micro-organismes ont laissé des empreintes indélébiles jusque dans nos gènes et la structure de nos cellules. Après des millénaires de cohabitation et de coévolution avec le monde microbien, notre génome a été modelé par celui des microbes dont de nombreux fragments se sont retrouvés intégrés dans le génome humain, au point d'être transmis de génération en génération. Comme autant de vestiges de ces contacts rapprochés, des gènes ou des parties de gènes d'origine microbienne ponctuent notre ADN. Et ces signatures ne sont pas uniquement observées chez les humains : on retrouve des segments de génome viraux chez virtuellement tous les animaux et les plantes qui vivent eux aussi exposés à des communautés microbiennes complexes[8]. Nombre de ces segments génétiques importés ne semblent pas avoir d'impact : ils se sont retrouvés aux oubliettes des zones non-codantes de nos chromosomes. D'autres en revanche se sont retrouvés dans des régions « codantes » de notre ADN, ce qui implique que ces gènes sont intégrés dans la machinerie de nos cellules et sont donc à l'origine

5 Krishna Kumar R. et al., « Contemporary Diagnosis and Management of Rheumatic Heart Disease: Implications for Closing the Gap: A Scientific Statement From the American Heart Association », *Circulation*, vol. 142, n°20, 19 octobre 2020 ; van den Berg, B., Walgaard, C., Drenthen, J. et al., « Guillain–Barré syndrome: pathogenesis, diagnosis, treatment and prognosis », *Nat Rev Neurol 10*, pp. 469-482, 15 juillet 2014.

6 Subramanian, A., Nirantharakumar, K., Hughes, S. et al., « Symptoms and risk factors for long COVID in non-hospitalized adults », *Nat Med* 28, pp. 1706-1714, 25 juillet 2022.

7 Deeks, S., Overbaugh, J., Phillips, A. et al., « HIV infection », Nat Rev Dis Primers 1, 15035, 1 octobre 2015.

8 Homs E. C., « The Evolution of Endogenous Viral Elements », *Cell*, vol. 10, issue 4, pp. 368-377, 20 octobre 2011.

d'une sécrétion intracellulaire de fragments d'ARN et de protéines ou de fragments de celles-ci. Ces petites molécules, vont alors interférer avec certains rouages intracellulaires, dont les conséquences sont parfois inattendues, comme une modification de l'expression de certains gènes « humains ». Les microbes contribuent donc de façon importante à ce qu'on appelle l'épigénétique : ce qui fait de nous des personnes différentes dans notre aspect, nos caractères et notre susceptibilité à certaines maladies. Et ce phénomène n'est pas anecdotique : on estime que 8 % de notre ADN – pas moins de 100 000 fragments répartis sur nos chromosomes – sont d'origine virale[9]. Avec le temps et le processus de sélection naturelle, l'espèce humaine a sélectionné les fragments d'ADN microbien qui nous étaient les plus utiles, et s'est débarrassée de ceux qui nous rendaient moins résistants. Certains fragments génétiques microbiens sont même devenus indispensables à la perpétuation de notre espèce, ce qui est illustré par exemple par le rôle joué par des rétrovirus endogènes dans le développement placentaire[10] et embryonnaire[11].

Une autre illustration de cette relation précieuse avec le monde microbien est la présence, dans chacune de nos cellules hormis nos globules rouges, de mitochondries. Ces petites organelles situées dans nos cellules ont pour principale fonction de fabriquer de l'ATP, l'unité énergétique utilisée par nos cellules pour exécuter leurs tâches spécialisées et se multiplier. Le noyau de nos cellules, qui contient pourtant tant d'informations génétiques dispersées sur nos chromosomes, ne contient pas les codes pour fabriquer les mitochondries : ce code est situé sur un petit anneau d'ADN qui flotte dans nos cellules et dont l'origine est une bactérie ancestrale qui vit désormais en symbiose avec nos cellules. Ces mitochondries sont donc en quelque sorte les vestiges d'une bactérie tellement importante pour notre survie que nous l'avons totalement domestiquée[12]. Lorsqu'elles dysfonctionnent, ces mitochondries peuvent avoir des conséquences majeures sur notre santé, notamment des phénomènes inflammatoires[13] et des maladies héréditaires diverses pouvant affecter notre vision, nos muscles ou encore notre cerveau[14].

Nous, humains, sommes donc en réalité des êtres chimériques, un mélange subtil entre un mammifère et des microbes de toutes sortes. Et de toute évidence, nous

9 Brouillette M., « Viral "fossils" in our DNA may help us fight infection », Science, 3 mars 2016.

10 Chuong, E., Rumi, M., Soares, M. *et al.*, « Endogenous retroviruses function as species-specific enhancer elements in the placenta », *Nat Genet* 45, pp. 325-329, 10 février 2013.

11 Grow, E., Flynn, R., Chavez, S. *et al.*, « Intrinsic retroviral reactivation in human preimplantation embryos and pluripotent cells », *Nature* 522, pp. 221–225, 20 avril 2015.

12 Roger A. J., Muñoz-Gómez S. A., Kamikawa R., « The Origin and Diversification of Mitochondria », *Cell*, vol. 27, issue 21, pp. 1177-1192, 6 novembre 2017.

13 Marchi, S., Guilbaud, E., Tait, S.W.G. et al., « Mitochondrial control of inflammation », *Nat Rev Immunol*, 25 juillet 2022.

14 Gorman, G., Chinnery, P., DiMauro, S. et al., « Mitochondrial diseases », *Nat Rev Dis Primers* 2, 16080, 20 octobre 2016 ; Chinnery P. F., « Primary Mitochondrial Disorders Overview », *NCBI*, 29 juillet 2021.

serions incapables de survivre ou de nous reproduire sans l'héritage que nous avons accumulé en interagissant avec tous ces micro-organismes.

Nous sommes des êtres vulnérables au monde microscopique

De nombreuses infections bactériennes sont le résultat de la présence accidentelle de bactéries pathogènes dans un endroit normalement stérile du corps humain : l'urine, le sang, le liquide qui entoure notre cerveau (le liquide céphalorachidien) ou encore celui qui entoure l'enfant à naître (le liquide amniotique). Ces bactéries, souvent naturellement présentes sur notre peau ou à la surface de nos muqueuses, profitent d'une brèche dans une membrane normalement hermétique ou déploient des facteurs de virulence les rendant invasives pour accéder dans des endroits de notre corps qui leur sont normalement interdits. On parle alors d'infections endogènes. Lorsque la multiplication bactérienne ne peut pas être contenue grâce aux globules blancs, l'infection peut progresser et détruire les tissus qu'elle envahit jusqu'à former un abcès ou déborder dans les vaisseaux sanguins qui vont alors diffuser les bactéries partout dans notre corps, au gré de la circulation sanguine. L'infection est alors très sévère : on parle de septicémie. La sévérité des symptômes d'une infection bactérienne va dépendre non seulement de la bactérie et de ses facteurs de virulence intrinsèques comme la sécrétion de toxines, mais aussi du site qu'elle infecte, de la réponse immunitaire du patient et de la possibilité de commencer rapidement un traitement antibiotique efficace. En fonction de la bactérie incriminée, les infections peuvent être associées à des symptômes plus ou moins sévères et à une évolution plus ou moins rapide : alors que certaines méningites peuvent entraîner la mort en quelques heures, il faudra chez un patient immunocompétent plusieurs mois et une destruction lente des tissus pulmonaires pour que la bactérie responsable de la tuberculose entraîne des cicatrices pulmonaires permanentes, voire le décès du patient. En général, les médicaments antibiotiques permettent de bloquer ces processus infectieux et de garantir une guérison plus ou moins rapide. De nombreuses substances antibiotiques que nous utilisons sous forme de pilules ou de liquide administré par voie intraveineuse sont en réalité des substances que l'on retrouve naturellement dans l'environnement ou des imitations de celles-ci. De nombreuses substances utilisées pour traiter les infections bactériennes sont en réalité des substances produites par des bactéries et des champignons dans l'environnement naturel pour inhiber la multiplication de certains microbes avec lesquels ces micro-organismes sont en compétition[15]. Le traitement des maladies infectieuses consiste donc, au moins en partie, à détourner des procédés naturellement présents dans l'environnement.

15 Jakubczyk D. et Dussart F., « Selected Fungal Natural Products with Antimicrobial Properties », NCBI, PubMed 25(4):911, 18 février 2020 ; Hutchings M. I., Truman A. W., Wilkinson B., « Antibiotics: past, present and future », Elsevier, vol. 51, pp. 72-80, octobre 2019.

Très souvent, l'eau et la nourriture sont à l'origine d'infections dites exogènes, c'est-à-dire provenant de l'univers extérieur à notre corps : des bactéries, des toxines produites par les bactéries, des parasites ou des virus particulièrement virulents peuvent être présents dans l'eau que nous buvons ou dans les aliments que nous mangeons, et provoquer des infections, qui vont dans ce cas se traduire par des symptômes digestifs, même si un virus comme celui de la polio peut provoquer une paralysie. Ces infections sont plus fréquentes dès lors qu'il y a un accès difficile à de l'eau potable ou qu'il est impossible de maintenir la chaîne du froid pour conserver les aliments. Ces infections peuvent rapidement devenir épidémiques lorsque nos aliments infestés sont distribués à large échelle, et ces épidémies sont souvent entretenues par le fait que les microbes responsables de ces infections pullulent dans notre système digestif avant d'être excrétés dans l'environnement. Chaque personne infectée devient donc un amplificateur de l'épidémie si des mesures d'hygiène strictes ne peuvent être mises en place, en particulier l'hygiène des mains et l'évacuation des eaux sanitaires. On comprend dès lors l'importance des initiatives visant à permettre un accès à des toilettes et de l'eau courante pour les populations qui en sont privées pour des raisons socio-économiques ou à la suite des déplacements forcés par des catastrophes naturelles ou des conflits. Plus structurellement, la prévention de ces maladies est conditionnée par le développement d'infrastructures publiques comme des canalisations, des stations d'épuration et la mise en place de processus visant à maintenir et contrôler en permanence la qualité de l'eau et des aliments distribués. Dans de nombreux pays, ces mesures sont incomplètement mises en place et les maladies diarrhéiques restent une cause très fréquente de d'hospitalisation et de mortalité, en particulier chez les jeunes enfants.

Des virus comme celui provoquant la poliomyélite (une inflammation des nerfs responsable de paralysie) et l'hépatite A (une inflammation du foie) se propagent particulièrement bien dans des environnements où l'accès à l'hygiène et l'eau potable sont difficiles, provoquant des épidémies explosives durant lesquelles, en l'absence de vaccination, on verra émerger des formes sévères de ces maladies qui, même si elles sont rares, peuvent avoir des conséquences dont les patients souffriront durant le reste de leur vie. Pour prévenir ces situations catastrophiques, il faut à la fois agir sur l'accès aux infrastructures d'assainissement et mettre en place des campagnes de vaccination.

Enfin, l'air que nous respirons peut aussi être un vecteur important de maladies infectieuses. De nombreux virus, comme les virus de la grippe ou le SARS-CoV-2, se transmettent par voie respiratoire. Contrairement aux pathogènes qui se transmettent par ingestion et pour lesquels il est donc possible d'implémenter des interventions simples et efficaces comme la filtration de l'eau ou la cuisson des aliments, agir sur la qualité de l'air peut être particulièrement fastidieux, raison pour laquelle des systèmes de filtration de l'air sont limités à des environnements spécifiques comme par exemple des salles d'opération, des unités de production de médicaments ou encore des cabines d'avion. Pourtant, agir sur la qualité de l'air par des mesures généralisables est critique car tant la pollution que les pathogènes respiratoires causent, et parfois de façon synergique, des millions de décès précoces chaque année à travers le monde.

Nos sociétés se sont construites autour de la prévention et du traitement des maladies

Les moyens gigantesques alloués par nos sociétés pour la construction et le fonctionnement des systèmes de santé, constitués d'un incroyable réseau d'hôpitaux, de laboratoires, de cabinets de médecine générale et de pharmacies, mais aussi la solidarité inédite inhérente à la mise en place de mécanismes d'assurances santé (parfois entièrement inclusifs), ne sont que des exemples qui démontrent à quel point la santé est un vecteur puissant de transformation de nos sociétés. Car la privation ou l'absence d'accès équitable à des soins de santé de qualité implique inévitablement et rapidement l'expérience douloureuse d'une réémergence de nombreuses maladies, dont les conséquences sont inévitablement portées par les familles des malades et, de façon plus large, par la société qui n'a pas pu mettre en place des filets de prévention efficaces. Les foyers épidémiques apparaissent de façon plus fréquente et plus explosive au sein des populations les plus pauvres ou les groupes marginalisés de nos sociétés. Mais l'absence de réaction adéquate aura toujours pour conséquence une aggravation de la situation épidémique et un risque accru de transmission vers le reste de la société. Sous peine de tomber dans une inefficience injustifiable, l'accès aux outils de prévention, de diagnostic et de traitement des maladies contagieuses doit donc être le plus inclusif possible tant au niveau d'une communauté que de la distribution des moyens entre les pays.

La peur des maladies s'est également introduite dans nos comportements : le rejet des personnes portant les stigmates d'une maladie ou le dégoût des aliments à un stade de putréfaction avancée sont autant de résidus d'une civilisation qui a évolué tout en étant constamment mise en péril par les maladies infectieuses. Ces comportements sont cependant souvent inefficaces ou à tout le moins insuffisants pour avoir un réel impact sur la transmission des maladies : un patient défiguré par la lèpre est infiniment moins contagieux qu'un patient développant les premiers signes de rougeole, et des aliments d'apparence tout à fait sains peuvent être porteurs de bactéries pathogènes.

Enfin, on a vu des stratégies collectives de lutte contre les maladies contagieuses émerger bien avant d'avoir compris qu'elles étaient causées par des microbes. Durant la pandémie de peste qui a ravagé l'Europe autour des années 1350, les bateaux arrivant dans les ports étaient mis en quarantaine pendant une période correspondant à plusieurs fois le temps d'incubation de la maladie. Si aucun malade n'était observé durant cette période, on pouvait raisonnablement penser que la maladie ne circulait pas sur ce bateau et que celui-ci pouvait débarquer sans engendrer un risque sanitaire important pour la population sur terre[16].

Nous avons toujours besoin de comprendre, surtout ce qui nous menace

La qualité de la réponse aux maladies épidémiques n'est jamais totalement isolée du niveau de connaissance et de résilience des sociétés dans lesquelles elles émergent : devant une situation de crise aiguë ou lentement évolutive, la diffusion de croyances précède bien souvent l'acquisition et la transmission des connaissances. L'absence de connaissance ou de transmission généralisée de celles-ci peut engendrer des réponses individuelles ou sociétales paradoxales. Chacun aura pu observer de telles situations lors d'épidémies, où l'on constate que certaines personnes refusent des traitements efficaces au profit de remèdes dont l'efficacité n'a pas pu être prouvée. Les motivations des personnes ou des sociétés à se détourner d'outils utiles peuvent être multiples et parfois intriquées : le manque de confiance dans un système politique ou dans les intentions de sociétés pharmaceutiques commerciales sont en général sous-jacents à ce type de problématique.

Dans ce contexte, la recherche biomédicale et la communication scientifique apparaissent comme deux piliers majeurs de la préparation et de la réponse au risque pandémique. Mais il est aussi crucial d'armer nos sociétés à pouvoir progressivement évoluer au fil des hypothèses, du savoir en construction et des savoirs accompagnés de niveaux d'incertitudes et d'exceptions. Devant ce processus souvent lent et frustrant, émergent systématiquement des fabricants de pseudo-savoirs, offrant rapidement des solutions simples, aux apparences efficaces. Ces discours, qui se diffusent généralement extrêmement rapidement, peuvent avoir un impact majeur sur la qualité de la réponse aux épidémies.

Comprendre comment nous nous sommes rendus plus vulnérables aux pandémies

Chaque espèce vivante – animale, humaine ou végétale – interagit en permanence avec le monde microbien, et ces interactions peuvent profondément influer sur l'évolution, la diversification et la sélection des espèces. Dans un environnement se modifiant sans cesse au fil des saisons, des migrations et de l'utilisation d'antibiotiques et

16 Tognotti E., « Lessons from the History of Quarantine, from Plague to Influenza A », *Emerg Infect Dis*. 19(2), pp. 254-259, février 2013.

d'antifongiques, les équilibres microbiens se modifient et, chaque jour, des microbes se retrouvent déversés dans des écosystèmes avec lesquels ils n'avaient jamais interagi ou exposés à des environnements qui les pressent à évoluer.

L'évolution démographique

La croissance de la population humaine a fortement accéléré au cours des siècles passés : alors qu'en l'an 4 000 avant notre ère, il fallait attendre près de 1 000 ans pour voir la population doubler, la population mondiale a été multipliée par 20 entre l'an 1 000 et l'an 2000. Nous serons en 2050 plus de 10 milliards d'individus sur la planète, alors qu'on était encore que 1 milliard au moment de la révolution industrielle[17], quand nos sociétés ont commencé à extraire et faire brûler le charbon à très large échelle. En parallèle à ce phénomène, les phénomènes migratoires s'accentuent et certaines zones, y compris peu ou pas peuplées par les humains il y a quelque temps, concentrent aujourd'hui de très larges communautés. En Afrique ou en Amérique du Sud, de larges zones encore très peu habitées par l'homme il y a 200 ans font face aujourd'hui à une croissance démographique et une urbanisation sans précédent dans l'histoire de l'humanité. Cette croissance démographique est aussi intrinsèquement liée à un vieillissement progressif de la population[18], à la concentration de la pauvreté et de la malnutrition[19], à l'augmentation de maladies liées à des nouveaux styles de vie telles que le diabète[20], toutes des évolutions qui augmentent de façon indépendante notre vulnérabilité aux maladies infectieuses et aux épidémies.

Les évolutions dans le monde animal et l'exposition des humains à leurs microbes

Au-delà des profondes modifications observées dans les populations humaines durant ces derniers siècles, c'est surtout au niveau des populations animales que l'on observe les plus grandes modifications. Poussées par l'augmentation de la demande provenant de la consommation humaine, les fermes d'élevage intensives, principalement de volailles, se sont multipliées. On estimait en 2014 à 20 milliards le nombre de poulets élevés dans de telles fermes à travers le monde. D'un autre côté, on ob-

17 https://www.statista.com/statistics/1006502/global-population-ten-thousand-bc-to-2050/

18 Oh SJ, Lee JK, Shin OS., « Aging and the Immune System: the Impact of Immunosenescence on Viral Infection, Immunity and Vaccine Immunogenicity », Immune Netw. (6):e37, 19 décembre 2019.

19 Bourke C. D., Berkley J. A., Prendergast A. J., « Immune Dysfunction as a Cause and Consequence of Malnutrition », *Review Series: Lifetime Immunit*, vol. 37, issue 6, pp. 386-398, 1 juin 2016.

20 Casqueiro J, Casqueiro J, Alves C., « Infections in patients with diabetes mellitus: A review of pathogenesis », Indian J Endocrinol Metab., Suppl 1(Suppl1):S27-36, 16 mars 2012 ; Lontchi-Yimagou, E., Feutseu, C., Kenmoe, S. et al., « Non-autoimmune diabetes mellitus and the risk of virus infections: a systematic review and meta-analysis of case-control and cohort studies », *Sci Rep* 11, 8968, 26 avril 2021.

serve une perte importante de la biodiversité parmi les espèces sauvages, et ce phénomène tend à s'accélérer : il y a plus de 500 espèces de vertébrés actuellement en voie d'extinction, et le rythme d'extinction des espèces est cent fois supérieur à ce que notre planète a connu durant les dernières deux millions d'années[21]. À ces deux phénomènes, s'ajoutent les modifications d'habitats et les migrations animales liées au changement climatique. De façon synthétique, ces trois phénomènes vont interagir en synergie et résulter en de nouveaux contacts entre, d'une part, des animaux qui vivaient auparavant séparés et, d'autre part, entre ces animaux et l'espèce humaine. D'un point de vue microbiologique, ces nouvelles rencontres sont également inévitablement liées à des échanges microbiens, y compris l'exposition à des nouvelles espèces virales encore inconnues de l'humain.

Les zoonoses sont des maladies infectieuses transmises de l'animal à l'homme : des microbes inoffensifs chez l'animal ou provoquant des infections plus ou moins sévères chez celui-ci peuvent trouver chez l'humain un terrain propice pour se développer. Ces zoonoses sont en général considérées comme des événements accidentels et sans conséquences majeures pour la société, même si les conséquences pour les patients peuvent parfois être dramatiques. Certaines espèces de chauves-souris présentes en Afrique Centrale et en Afrique de l'Ouest sont le réservoir naturel des virus Ebola[22] et constituent une source permanente de transmission vers d'autres animaux et des humains : depuis 1976, on compte à ce jour pas moins de 27 épidémies déclarées d'Ebola et de nombreux cas sporadiques. Les zoonoses ne sont cependant pas rares : les champignons microscopiques qui provoquent la teigne de nos animaux domestiques peuvent aussi se transmettre aux humains ; certaines bactéries présentes dans l'urine des rongeurs se retrouvent dans les eaux de baignade et causent la leptospirose ; près d'un milliard de personnes sur terre seraient infestées par *Ascaris*, un vers qui nous est transmis via les cochons. La fréquence de ces infections étant surtout liée à l'intensité des contacts entre les animaux porteurs de l'agent pathogène et l'être humain, des modifications dans les comportements des animaux (souvent poussés par la dégradation de leur habitat naturel) ou des humains (tels que le travail dans des fermes d'élevage intensif, le commerce clandestin d'animaux sauvages et la domestication d'animaux), peuvent fondamentalement modifier l'importance épidémiologique de certaines zoonoses.

Le partage de microbes ne se limite pas aux microbes pathogènes : la domestication de certains animaux provoque chez ces derniers une modification du microbiome

21 Ceballos G., Ehrlich P. R., Raven P. H., « Vertebrates on the brink as indicators of biological annihilation and the sixth mass extinction », *PNAS*, vol. 117, n°24, 13596-13602, 1 juin 2022.

22 Koch, L.K., Cunze, S., Kochmann, J. et al., « Bats as putative *Zaire ebolavirus* reservoir hosts and their habitat suitability in Africa », *Sci Rep* 10, 14268, 31 août 2020.

composant leur flore digestive[23], et en contrepartie, les propriétaires d'animaux domestiques voient leur microbiome modifié en raison de leur cohabitation avec des espèces animales[24]. Ces observations suggèrent que les maladies zoonotiques sont en réalité un phénomène rare, révélant des interactions microbiennes intenses lorsque deux espèces rentrent en contact. Les microbes responsables de zoonoses sont en général – ou dans un premier temps – incapables de se transmettre d'une personne à une autre : l'infection humaine est le plus souvent un « cul-de-sac ». Si ce concept est valide dans la grande majorité des cas, il suffit cependant d'une exception ou d'une évolution génétique spontanée pour que le pathogène occasionnel devienne un pathogène épidémique, voire pandémique.

Certains microbes responsables de zoonoses peuvent se transmettre de façon plus ou moins efficace d'une personne à une autre, sans pour autant être suffisamment transmissible que pour provoquer de larges épidémies. Le MERS-CoV, un coronavirus originaire des chauves-souris et qui circule chez les dromadaires domestiqués dans la péninsule arabique depuis quelques dizaines d'années[25], est régulièrement transmis à l'homme. La maladie peut alors être très sévère, et les malades transmettent parfois à leur tour la maladie, mais la maladie n'est pas très contagieuse : les transmissions se déroulent uniquement au sein d'un cercle rapproché (les membres du foyer ou le personnel soignant qui est à leur chevet).

L'accumulation de contacts de ces « nouveaux » virus avec l'espèce humaine peut aussi offrir aux microbes l'opportunité de s'adapter progressivement à leur nouvel hôte. De nombreuses étapes ont probablement été nécessaires pour que le virus de l'immunodéficience simienne (il existe en réalité 45 sous-espèces de ce virus circulant chez les primates non-humains), un virus qui infecte les singes dans leur milieu naturel, devienne capable de se propager efficacement d'humain à humain[26]. Et c'est lorsque cette transmission est devenue efficace que l'on a observé le démarrage de la pandémie de VIH/SIDA, qui provoque encore aujourd'hui près d'un million de décès chaque année. L'absence de vaccin, de traitements antiviraux efficaces au moment du démarrage de l'épidémie ou encore la stigmatisation des groupes initialement infectés sont autant d'éléments qui ont empêché un contrôle prompt et efficace de cette pandémie.

Les coronavirus sont une très large famille de virus dont les réservoirs sont multiples

---

23 Prabhu V. R. et al., « Consequences of Domestication on Gut Microbiome: A Comparative Study Between Wild Gaur and Domestic Mithun », *Frontiers in Microbiology*, 25 février 2020.

24 Kates A. E. et al., « Household Pet Ownership and the Microbial Diversity of the Human Gut Microbiota », *Frontiers in Microbiology*, 28 février 2020.

25 Mohd, H.A., Al-Tawfiq, J.A. & Memish, Z.A., « Middle East Respiratory Syndrome Coronavirus (MERS-CoV) origin and animal reservoir », *Virology Journal* 13, 87, 3 juin 2016.

26 Sharp P. M.et Hahn B. H., « Origins of HIV and the AIDS pandemic », *Cold Spring Harb Perspect Med.*, (1):a006841, 1 septembre 2011.

dans le monde sauvage, même si les chauves-souris et les rongeurs semblent presque systématiquement jouer un rôle central. En Asie, on estime à plusieurs dizaines de milliers le nombre de personnes infectées chaque année par des coronavirus via un contact rapproché avec des chauves-souris[27]. Comme l'illustrent ces chiffres, ces contacts avec des virus animaux ne sont pas des accidents : ils se déroulent chaque jour. Le contexte écologique et épidémiologique qui a permis l'émergence du virus du Syndrome Respiratoire Aigu Sévère (SRAS) en 2003 et du SARS-CoV-2 en 2019 suggèrent que des marchés où l'on entreposait de nombreuses espèces animales sauvages ont joué un rôle important[28] : au plus il existe d'espèces présentes, au plus les virus auront l'occasion d'explorer de nouveaux « hôtes » – en particulier des mammifères avec lesquels nous partageons tant de gènes –, permettant au virus de continuer à s'adapter jusqu'à pouvoir infecter efficacement les humains. Preuve que le démarrage de la pandémie de Covid-19 n'a pas été un « accident » mais plutôt le résultat inévitable de cet écosystème particulièrement riche en espèces animales, les premières infections humaines au SARS-CoV-2 – celles qui auraient été infectées directement par les animaux ou dans les premières ondes de propagation – ont été causées non pas par une, mais par deux souches du virus relativement distinctes[29].

Le changement climatique augmente le risque de transmissions virales entre les espèces

Alors qu'on estime que près de 10 000 espèces virales ont la possibilité d'infecter les humains, la grande majorité de ces virus circule aujourd'hui exclusivement chez un nombre limité de mammifères sauvages vivant dans des écosystèmes isolés et limités dans l'espace[30]. Cependant, les changements climatiques et l'occupation par les humains de nouveaux espaces vont augmenter de façon importante le nombre d'opportunités de premières rencontres entre des espèces de mammifères à la recherche de nouveaux espaces plus adaptés à leur survie. Chaque nouveau contact se traduisant inévitablement par des échanges des virus hébergés par ces différentes espèces animales, aboutissant au bout d'une chaîne plus ou moins longue de transmissions in-

27 Sánchez C. A., Li H., Phelps K.L., Zambrana-Torrelio C., Wang L.F., Olival K.J., Daszak P., « A strategy to assess spillover risk of bat SARS-related coronaviruses in Southeast Asia », medRxiv [Preprint], 2021.09.09.21263359, 14 septembre 2021 ; Temmam S., Vongphayloth K., Baquero, E. et al., « Bat coronaviruses related to SARS-CoV-2 and infectious for human cells », Nature 604, pp. 330-336, 16 février 2022.

28 Pekar J. E. et al., « SARS-CoV-2 emergence very likely resulted from at least two zoonotic events », Zenodo, 26 février 2022 ; Worobei M. et al., « The Huanan market was the epicenter of SARS-CoV-2 emergence », Zenodo, 26 février 2022 ; Lytras S., Xia W., Hughes J., Xiaowei Jiang X. et Robertson D. L.,« The animal origin of SARS-CoV-2 », Science, vol. 373, issue 6558, 17 août 2021.

29 Worobei M. et al., « The Huanan Seafood Wholesale Market in Wuhan was the early epicenter of the COVID-19 pandemic », *Science*, 26 juillet 2022.

30 Carlson, C.J., Zipfel, C.M., Garnier, R. et al., « Global estimates of mammalian viral diversity accounting for host sharing », Nat Ecol Evol 3, pp. 1070-1075, 10 juin 2019 ; Olival, K., Hosseini, P., Zambrana-Torrelio, C. et al., « Host and viral traits predict zoonotic spillover from mammals », *Nature* 546, pp. 646-650, 21 juin 2017.

ter-espèces à un risque augmenté de transmission à l'humain de virus qui nous sont encore aujourd'hui inconnus.

Les changements climatiques en cours et à venir impliquent que de nombreuses espèces de mammifères devront s'adapter et migrer pour trouver des nouveaux espaces propices à leur survie. Pour de nombreuses espèces, ces adaptations impliqueront des migrations subtiles souvent limitées à quelques centaines de kilomètres[31]. Évaluer l'augmentation du risque pandémique dans les prochaines années implique donc de comprendre comment notre exposition à près de 10 000 virus va être modifiée par des migrations de près de 6 500 espèces de mammifères qui vont, pour certaines, être mises en contact pour la première fois dans les décennies à venir[32]. Actuellement, on estime que seulement 7 % des espèces de mammifères partagent entre elles un espace géographique commun[33]. Par ailleurs, la probabilité qu'un échange de virus entre deux espèces dépend de la proximité génétique entre ces deux espèces, et donc de la ressemblance entre leurs cellules que les virus cherchent à infecter[34]. La combinaison de différents scénarios qui permettent de modéliser le climat futur (*Representative Concentration Pathways*, RCP) avec ceux concernant les choix socio-économiques globaux (*Shared Socioeconomic Pathways*, SSP) permet de modéliser les migrations en cours et à venir de plusieurs milliers d'espèces animales (*Species Distribution Models*, SDMs). De ces analyses apparaissent plusieurs points qui vont déterminer notre exposition au risque pandémique durant les années et décennies à venir[35].

En premier lieu, il apparaît que ces phénomènes sont déjà en cours et que, quelle que soit la trajectoire climatique future, il existe déjà une trajectoire passée que nous devrons pleinement assumer. Par rapport à un niveau de base fixé entre 1981 et 2010, on estime que la majorité des « premières rencontres » qui auront lieu d'ici 2100 se dérouleront entre 2011 et 2040, et ce alors que le réchauffement climatique se limite actuellement à +1 °C.

Le deuxième élément marquant de ces modèles est que les scénarios climatiques les plus maîtrisés (RCP 2.6, impliquant une augmentation des températures globales

31 Burrows, M., Schoeman, D., Richardson, A. et al., « Geographical limits to species-range shifts are suggested by climate velocity », Nature 507, pp. 492-495, 9 février 2014 ; Chen I-C. et al., « Rapid Range Shifts of Species Associated with High Levels of Climate Warming », *Science*, vol. 303, issue 6045, pp. 1024-1026, 19 août 2011.

32 Hoberg E. P. et Brooks D. R., « Evolution in action: climate change, biodiversity dynamics and emerging infectious disease », Phil. Trans. R. Soc. 370, issue 1665, 5 avril 2005 ; Morales-Castilla I. et al., « Forecasting parasite sharing under climate change », Phil. Trans. R. Soc. 376, issue 1837, 20 septembre 2021.

33 Albery, G.F., Eskew, E.A., Ross, N. et al., « Predicting the global mammalian viral sharing network using phylogeography », *Nature Communications* 11, n°2260, 8 mai 2020.

34 Albery, G.F., Becker, D.J., Brierley, L. et al., « The science of the host–virus network », *Nature Microbiology* 6, pp. 1483-1492 24 novembre 2021.

35 Carlson, C.J., Albery, G.F., Merow, C. et al., « Climate change increases cross-species viral transmission risk », *Nature* 607, pp. 555-562, 28 avril 2022.

sous 2 °C d'ici 2100) impliquent aussi des changements plus lents des écosystèmes, permettant aux espèces animales de s'adapter et de migrer. Les scénarios climatiques non maîtrisés (RCP 8.5, impliquant une augmentation des températures globales de 4 °C) impliquent quant à eux des modifications écosystémiques très rapides et importants, ce qui implique que de nombreuses espèces animales ne pourront s'adapter. La rapidité avec laquelle les changements climatiques impacteront les environnements naturels aura donc aussi un impact sur le niveau de risque pandémique, une évolution lente des écosystèmes offrant plus de possibilités aux différentes espèces de s'adapter ou de migrer vers des zones géographiques qui leur sont plus favorables.

En comparaison avec la situation actuelle, les migrations dans le monde animal sauvage imposées par le changement climatique en cours impliqueront un doublement du nombre de premières rencontres entre mammifères qui ne partagent jusqu'à ce jour aucun espace partagé. Dans les décennies qui viennent, pas moins de 300 000 premières rencontres auront lieu, ce qui constituera autant d'opportunités pour les virus pathogènes de réaliser les sauts génétiques nécessaires pour infecter l'humain.

La majorité de ces nouvelles concentrations d'espèces auront lieu en Afrique tropicale et en Asie du Sud-Est, résultat d'une migration Est-Ouest des vastes zones tropicales vers des zones en altitude. Ce phénomène sera sans doute encore plus important que les extensions vers le Nord ou vers le Sud. La recherche par les animaux de zones au climat plus tempéré prendra donc bien souvent la même direction que les migrations humaines passées et futures, et bien souvent il est attendu que les espèces mammifères sauvages se rapprocheront de régions déjà très densément peuplées par l'homme. Les zones côtières de l'Afrique de l'Ouest et de l'Afrique Centrale, la région des Grands Lacs en Afrique Centrale, les Hauts Plateaux Ethiopiens, l'Inde, l'est de la Chine, l'Indonésie et les Philippines seront les régions les plus intensément exposées à ce phénomène « bio-incubateur ».

Les chauves-souris, dont le rayon de migration est plus important que les mammifères terrestres, joueront un rôle important dans ce nouveau maillage inter-espèces : on estime qu'elles seront impliquées dans près de 90 % des premières rencontres.

Ces phénomènes peuvent avoir un impact direct sur la santé humaine ; si l'on prend comme exemple la souche Zaïre du virus Ebola (ZEBOV) et ses 13 hôtes actuels connus (notamment les chauves-souris et certains singes), le changement climatique en cours impliquera que ces mammifères hôtes rentreront en contact avec pas moins de 2 600 nouvelles espèces, impliquant par conséquent un élargissement géographique massif des zones dites « à risque » pour ce virus mortel.

Le changement climatique et ses multiples conséquences intriquées

Les conséquences du changement climatique ne se limitent pas à l'émergence de nouvelles maladies virales à potentiel épidémique : ces changements ont un impact marqué sur la fréquence et l'intensité des catastrophes naturelles, qui exposent les populations à des situations prolongées propices au développement d'épidémies. Les inondations et les sécheresses génèrent des ruptures dans l'approvisionnement en eau potable et l'évacuation des eaux usées, alors que les solutions d'hébergement provisoires des victimes des catastrophes naturelles impliquent le plus souvent une promiscuité qui accélère la transmission des maladies infectieuses.

D'autre part, les phénomènes migratoires humains génèrent des adaptations constantes de la part des populations migrantes et des sociétés qui les accueillent. Paradoxalement, alors que les personnes migrantes sont souvent exposées à des risques sanitaires infectieux définis par le lieu qu'elles ont quitté et les circonstances de leur périple, ces personnes ne bénéficient souvent que de services médicaux minimaux à leur arrivée dans un nouveau pays. À très grande échelle, les flux migratoires vont augmenter les risques d'introduction de pathogènes émergents et ré-émergents et nécessiter la mise en place de stratégies sanitaires holistiques, à l'image de ce qui a été mis en place dans de nombreux pays européens face aux migrations liées à la guerre en Ukraine[36], mais surtout indépendantes par rapport aux débats sociaux et aux directions politiques accompagnant les questions soulevées par les mouvements migratoires.

Enfin, on peut s'attendre à une accentuation des inégalités socio-économiques liées non seulement à une plus grande vulnérabilité des plus pauvres par rapport aux risques infectieux, mais aussi par rapport aux autres conséquences du réchauffement climatique, comme la destruction d'habitats et les migrations forcées. Le renforcement des systèmes de santé et de sécurité sociale sera nécessaire pour faire face à une fragilisation croissante d'un nombre sans cesse croissant de personnes exposées aux conséquences multiples du changement climatique. Dans ce contexte, il faudra tenir compte que les larges privatisations des systèmes de santé, telle que celle réalisée au Royaume-Uni ces dernières décennies, impliquent dans les faits une diminution de la qualité des soins, une augmentation des coûts et une augmentation des délais d'attente, avec des conséquences tangibles sur la santé des personnes[37] et la productivité des économies[38].

36 Vignier N. et al., « Public health issues and health rendezvous for migrants from conflict zones in Ukraine: A French practice guideline », *NCBI*, 26 avril 2022.

37 Goodair B. et Reeves A., « Outsourcing health-care services to the private sector and treatable mortality rates in England, 2013–20: an observational study of NHS privatisation », *The Lancet*, juillet 2022.

38 Burn-Murdoch J., « Chronic illness makes UK workforce the sickest in developed world », *Financial Times*, 21 juillet 2022.

Mieux étudier les interdépendances et l'impact entre ces diverses conséquences du changement climatique implique une refonte importante de la façon dont on fait de la recherche ou dont on exerce des responsabilités politiques et économiques. À travers le monde, de nombreuses universités ont déjà entrepris de promouvoir des programmes transdisciplinaires de recherche et d'enseignement, impliquant d'appréhender les défis médicaux et sociaux de manière globale, sans toutefois perdre en précision et en pertinence. Mais ces exceptions doivent désormais devenir la norme, et le phénomène doit s'accélérer si l'on veut pouvoir faire face de manière réfléchie aux changements en cours. Le risque étant qu'une société mal préparée aura toujours tendance à désigner des causes de façon opportuniste et rechercher des solutions à court terme, s'offrant grâce au repli sur soi l'illusion du *statu quo*.

L'émergence et la transmission globalisée des résistances aux médicaments

Le développement de médicaments permettant de traiter les maladies infectieuses pousse les microbes à évoluer : face à l'utilisation massive d'antibiotiques, d'antiviraux, d'antiparasitaires et d'antifongiques, les bactéries, les virus, les parasites et les champignons sont poussés à développer des mécanismes de résistance. Ce phénomène n'est pas nouveau, mais face à l'augmentation du risque infectieux et à la croissance démographique, les opportunités qu'auront les microbes pathogènes deviendront plus nombreuses, et ce phénomène va donc s'accélérer. Par ailleurs, les microbes les plus résistants ont, dans les environnements contaminés par les antibiotiques, un avantage tel sur les microbes sensibles qu'ils peuvent rapidement devenir prépondérants et épidémiques. Face à ce problème mondial, on doit bien sûr chercher à développer sans cesse des nouvelles molécules, mais l'urgence se situe surtout dans une prise de conscience des processus qui catalysent et accélèrent l'émergence de nouvelles résistances. Encore bien plus que les hôpitaux, l'industrie de la viande utilise de façon massive des antibiotiques pour augmenter le rendement et diminuer le risque d'épidémies chez les animaux. Les industries de la culture des fruits et de l'horticulture utilisent massivement des fongicides pour augmenter la durée de vie des plantes que nous consommons dans nos assiettes ou que nous mettons dans des vases. Bien souvent, ces fongicides sont de la même famille que les antifongiques que nous utilisons dans les hôpitaux pour traiter les patients qui développent des infections mortelles. À chaque fois que l'on utilise les mêmes molécules pour l'industrie agroalimentaire et en médecine humaine, un processus inévitable de développement de résistances se met en place, avec à chaque fois un impact majeur sur la santé humaine. Cet impact est partiellement réversible, mais nécessite des efforts très importants tels que le dépistage systématique des malades, l'isolement des porteurs et l'utilisation de matériel de protection individuelle. Très souvent, ces mesures sont portées exclusivement par les systèmes de santé, avec un impact financier majeur sur des organisations sanitaires déjà exsangues. Alors que de l'autre côté, l'industrie agroalimentaire exerce des lobbies majeurs pour maintenir les profits et les systèmes en place[39].

Quelques exemples de pathogènes qu'il faut surveiller de près

Bien que les virus de la grippe constituent encore aujourd'hui le principal risque pandémique, la pandémie de Covid-19 ou l'émergence plus récente du virus de la variole du singe soulignent l'importance de maintenir des systèmes de surveillance très larges. Il existe des centaines de coronavirus, paramyxovirus, poxvirus, flavivirus et d'autres encore qui auront l'occasion, durant les décennies qui viennent, de passer d'un hôte à l'autre et d'infecter l'humain.

En raison d'une très grande modularité de leur génome, plusieurs virus de la grippe différents circulent, avec pour chacun un ou plusieurs hôtes privilégiés pouvant être des humains ou des animaux comme les oiseaux ou les cochons. Les épidémies saisonnières humaines successives sont causées par quatre virus principaux : deux virus de type A et deux virus de type B. Alors que les virus de type B ne circulent quasiment pas chez les animaux, de nombreux autres virus de type A circulent en dehors de l'espèce humaine, avec des épidémies propres aux espèces que ces virus infectent. Comme nous l'avons vu plus haut, les changements poussés par l'anthropocène impliquent de nouveaux contacts entre des espèces animales qui n'avaient pas l'occasion de se croiser auparavant, et un risque de transmission virale d'autant plus important que ces espèces sont proches d'un point de vue génétique. Dès lors, lorsqu'un oiseau migrateur porteur d'un virus de la grippe rentre en contact avec un élevage industriel de volailles, ce sont parfois des dizaines de milliers de volailles qui peuvent être rapidement infectées, ce qui produit à la fois une amplification inhabituelle de ce virus – augmentant le nombre de mutations et la capacité d'évolution – et des contacts rapprochés inespérés avec l'espèce humaine au travers des ouvriers agricoles. Même si ces infections humaines sont encore rares, souvent bénignes et n'impliquent pas de chaînes de transmissions interhumaines importantes, force est de constater que ces « accidents » se multiplient et continueront à se multiplier à l'avenir. Durant le XXe siècle, pas moins de quatre pandémies causées par des nouveaux virus de la grippe ont émergé, alors que les circonstances étaient nettement moins favorables que les circonstances annoncées pour le XXIe siècle. Les systèmes de surveillance mis en place ont permis de classer les virus circulant dans le monde animal sur base de la sévérité de la maladie qu'ils provoquent lorsque l'humain est accidentellement

39 Foucart S., « L'intense lobbying de l'agro-industrie contre "Farm to Fork", le volet agricole du Pacte vert européen », *Le Monde*, 12 octobre 2021.

infecté. Actuellement, trois virus de la grippe ont été identifiés comme causant des symptômes sévères – plus sévère que ceux causés par les grippes saisonnières – lorsqu'ils sont transmis à l'homme : le virus A(H5N1), le virus A(H7N9) et le virus A(H5N6). Ces trois virus ont été identifiés pour la première fois en Chine, respectivement en 1997, 2013 et 2021, et circulent largement dans les élevages de volailles de ce pays et probablement aussi dans les pays limitrophes. Le virus A(H5N1) a, via les oiseaux migrateurs et les transports de volaille, largement dépassé les frontières de la Chine et circule aujourd'hui à travers le monde, provoquant régulièrement des épidémies dans les élevages de volaille et des infections chez les humains.

Le *Virus West Nile* circule naturellement chez les oiseaux, notamment en Afrique, autour du bassin méditerranéen et en Amérique du Nord. La transmission à l'homme et aux chevaux se fait via un moustique, le *Culex*, provoquant des infections pouvant être très sévères. L'activité de ces moustiques est très dépendante du climat : alors qu'une augmentation des températures et des précipitations va systématiquement augmenter la population de moustiques, les périodes de sécheresse vont également contribuer à l'émergence d'épidémies, car les rares points d'eau deviennent des lieux ou les oiseaux, les moustiques et les humains se concentrent.

Les changements climatiques observés en Europe ces cinquante dernières années ont déjà largement contribué à l'élargissement de la zone occupée par le moustique *Culex*, au point que les épidémies liées au virus West Nile observées chez les chevaux et les humains sont devenues plus fréquentes et ont été rapportées par un plus grand nombre de pays.

Se préparer et répondre au risque pandémique

L'intensification du risque pandémique auquel nos sociétés sont exposées implique de redéfinir notre relation à l'environnement et de mettre en œuvre des programmes ambitieux de prévention des risques sanitaires, car nous savons désormais que les piliers curatifs de nos systèmes de santé – même les plus performants – peuvent être rapidement débordés face à une pandémie. Ces adaptations doivent se faire tant au niveau local qu'aux niveaux national et international, et les conséquences environnementales et sanitaires devraient être pondérées dans chaque décision prise au niveau d'une entreprise ou d'une institution. Au même titre que les pandémies impactent tous les pans de nos sociétés, la préparation au risque pandémique doit questionner les réflexes séculaires politiques et économiques autant que la recherche biomédicale, et nécessitent d'assurer une approche universelle, globalisée et équitable des systèmes de surveillance des maladies, des moyens de prévention de celles-ci et des soins de santé. La préparation à l'émergence de nouvelles maladies implique d'informer de façon transparente et continue sur les évolutions observées dans l'épidémiologie des pathogènes émergents : des pathogènes qui émergent dans de nouveaux endroits comme la variole du singe en Europe ou le virus de Marburgh au Ghana, ou encore des épidémies de dengue plus importantes que par le passé sont autant de signaux d'alarme qui devraient permettre aux sociétés de mieux comprendre et se préparer à l'émergence de nouvelles maladies. Notre adaptation progressive à cette nouvelle ère impliquera une meilleure compréhension de comment nos relations à l'environnement, aux microbes et aux personnes qui nous entourent influencent profondément notre niveau d'exposition à des pathogènes émergents.

Par ailleurs, il est important de garder à l'esprit que les inégalités inhérentes à nos sociétés agissent comme autant d'incubateurs épidémiques et de barrières dans l'accès aux soins quand il s'agit de maîtriser la circulation des maladies infectieuses[40]. De manière urgente, notre action doit se coordonner autour de six objectifs dont les quatre derniers sont brièvement développés ci-dessous (les deux premiers dépassent le cadre de ce chapitre) : préserver l'intégrité des environnements naturels ; freiner le processus de dérèglement climatique ; réduire le risque de transmission inter-espèces ; augmenter notre niveau de surveillance des maladies tout en accélérant le développement d'outils permettant d'y faire face ; assurer une distribution efficace et une accessibilité universelle des outils de réponses aux pandémies ; promouvoir une plus grande résilience de nos sociétés permettant d'enclencher les évolutions profondes découlant directement de l'accentuation du risque pandémique et des mesures à prendre pour répondre adéquatement à ce risque.

Réduire le risque de transmission inter-espèces

Même si les accidents de laboratoire peuvent survenir (d'autant que la recherche sur les agents pathogènes impliquant la manipulation de ceux-ci doit continuer à progresser), les pandémies ont jusqu'à ce jour toujours pris source dans des réservoirs naturels. Jusqu'il y a peu, l'exposition de l'humain aux maladies émergentes résultait d'évolutions et de facteurs de risques par rapport auxquels il restait possible (même si souvent difficile) d'agir au niveau individuel ou local : les changements d'affectation des zones naturelles en terres agricoles, les expositions liées à des activités professionnelles spécifiques, ou encore les voyages. Dans les années à venir, les conséquences du changement climatique sur l'environnement seront de moins en moins liées aux actions locales : la fonte des glaces au Groenland ne pourra pas être imputée aux habitants de cette île, tout comme la concentration d'espèces sauvages sur les hauts plateaux éthiopiens en conséquence des modifications climatiques dans la sous-région ne pourra pas être imputée aux habitants de ce pays. L'augmentation du

40 Phelan A. L., et Carlson C. J., « A treaty to break the pandemic cycle », *Science*, vol. 377, issue 6605, pp. 475-477, 14 juillet 2022.

risque de transmission inter-espèces est donc par définition un problème qui doit être compris, discuté et mis en place au niveau global. D'autre part, la réduction de ce risque de transmission inter-espèces implique une coordination importante entre différents secteurs engagés dans la surveillance des pathogènes émergents : la santé humaine, la santé animale, la sécurité alimentaire et l'environnement doivent être abordés de façon simultanée afin de pouvoir mieux anticiper les chaînes de conséquences associées au maintien ou à la modification de certaines pratiques.

Renforcer notre niveau de préparation

Considérant le risque d'exposition des humains à de nouveaux virus comme une nouvelle constante définissant les décennies à venir, un des objectifs principaux que nous devons nous fixer est d'éviter que ces infections se transforment en foyers épidémiques dévastateurs ou en nouvelles pandémies incontrôlables. À l'échelle de notre planète, nous disposons de moyens très hétérogènes et souvent extrêmement limités pour assurer la surveillance de ces phénomènes précoces : paradoxalement, les zones les plus à risque de voir émerger des foyers épidémiques sont souvent aussi les moins bien équipées en ce qui concerne la surveillance épidémiologique et la disponibilité d'outils diagnostiques et thérapeutiques. Inchangée, cette répartition inefficace des outils de surveillance et de réponse précoce expose l'ensemble de la planète à un risque accru de dépassement des seuils épidémiques, faute de pouvoir identifier précocement des phénomènes émergents et d'y apporter des solutions adaptées. Et au-delà d'une répartition de ces ressources, il faudra s'assurer que les données récoltées soient systématiquement partagées utilement, afin de s'assurer que la réponse à des maladies émergentes puisse être d'emblée globalisée. Ce défi est de taille, car tant les vieilles pratiques postcoloniales que les réflexes nationalistes sont des obstacles bien réels à la création de réseaux médicaux et scientifiques fonctionnels. Tant l'accès aux vaccins et à de nombreux médicaments anti-infectieux les plus récents, que l'accès aux publications scientifiques et à certaines bases de données génomiques internationales sont encore conditionnés par un nombre limité de pays, d'institutions et de compagnies commerciales fonctionnant selon des modèles parfois très éloignés des nécessités de santé publique. La distribution des outils médicaux et l'accès aux plateformes d'échange d'information doivent être déliés des frais et contraintes, en particulier en ce qui concerne les pays en première ligne de la surveillance et du contrôle des maladies émergentes. Il faut changer de paradigme.

Au-delà de l'accessibilité de ces outils existants, des ressources importantes doivent être urgemment mobilisées pour le développement de vaccins et de médicaments antiviraux actifs contre des familles de microbes desquelles on sait déjà qu'émergeront les pathogènes à risque pandémique important[41]. Il n'est donc pas nécessaire d'attendre qu'émerge un « nouveau » virus pour commencer à travailler sur des outils médicaux.

Enfin, le renforcement des systèmes de santé est un défi permanent : les acquis sont sans cesse mis en péril par le manque d'équité, mais aussi par des canaux de désinformation plus ou moins organisés. L'éducation à la santé et l'organisation de soins de santé – tant préventifs que curatifs – accessibles à tous constitue le socle sur lequel nos sociétés seront capables de répondre plus ou moins rapidement et plus ou moins efficacement à de nouvelles maladies émergentes.

Mettre en place des mécanismes permettant de déployer rapidement les outils de lutte contre les pandémies

La réponse aux épidémies implique la mise en place rapide d'un panel de mesures qui sont tant sociétales que biomédicales. Les systèmes permettant de retracer les chaînes de transmission et de prévenir les transmissions futures au travers d'interventions ciblées telles que la quarantaine doivent être pleinement intégrées dans les systèmes de gestion de l'information sanitaire et être activées en cas de besoin. Ces systèmes doivent par ailleurs être capables, en continu et en situation réelle, de monitorer l'efficacité (ou la perte d'efficacité) des différentes mesures mises en place tout au long d'une phase épidémique. Ce monitoring est nécessaire pour maintenir, sur base de données vérifiables et objectives, la meilleure adéquation entre des mesures souvent contraignantes et la gestion du risque sanitaire.

D'autre part, les clés de répartition des vaccins et d'autres équipements stratégiques doivent être définies sur base des besoins réels et des objectifs internationaux plutôt que sur base de considérations économiques ou politiques, comme cela s'est passé dans le cadre du Covid-19, ou encore plus récemment dans le cadre du virus de la variole du singe. Les prix de production et de distribution des médicaments et des vaccins doivent être négociés en toute transparence et en dehors de l'urgence d'une pandémie, afin de pouvoir réaliser les réserves nécessaires au niveau de chaque pays.

Évoluer vers des modèles de société résilients et capables de rapidement se transformer et se reconstruire

Les défis majeurs liés tant à la gestion du risque climatique que des risques pandémiques qui y sont directement liés demandent une modification profonde du mode de fonctionnement de certaines sociétés, en particulier de celles qui sont fortement

41 Kaptein, S.J.F., Goethals, O., Kiemel, D. et al., « A pan-serotype dengue virus inhibitor targeting the NS3–NS4B interaction », *Nature* 598, pp. 504-509, 6 octobre 2021.

dépendantes des énergies fossiles et celles qui sont (ou seront) fortement exposées à des maladies infectieuses émergentes. Ces changements devront se faire sur base d'évidences scientifiques qui ne peuvent être confondues avec des agendas politiques, même s'il est à espérer que les différents agendas politiques s'aligneront rapidement sur les impératifs dictés par les évolutions rapides de notre environnement. Les crises de confiance envers les décideurs politiques que traversent actuellement de nombreuses sociétés impliqueront que les décisions prises durant ces transitions devront être expliquées et justifiées sur base d'arguments compris par l'ensemble de la population. Dans ce contexte, les scientifiques auront un rôle majeur à jouer, tout en apprenant à gérer le débat scientifique et la communication autour des incertitudes sans laisser la place aux théories farfelues et complotistes qui se nourrissent de cette place laissée à l'inconnue.

En conclusion, nos sociétés sont aujourd'hui confrontées à un risque réel de voir émerger de nouvelles maladies à potentiel épidémique important. Les changements climatiques en cours vont très probablement amplifier et accélérer ce phénomène, et il est donc nécessaire d'adapter notre niveau de préparation et de réponse. Notre connaissance – encore partielle – des écosystèmes microbiens chez les animaux nous permet d'avoir une longueur d'avance sur les évolutions futures, à condition que les systèmes de surveillance des maladies et les systèmes de santé soient profondément renforcés à travers le monde, et en particulier dans les zones les plus exposées à ces maladies émergentes.

La pandémie de Covid-19 a démontré qu'un virus peut ébranler l'ensemble de l'économie mondiale. À cette aune, les mesures visant à réduire les risques d'apparition de nouveaux foyers épidémiques, à renforcer les mécanismes de surveillance et les systèmes de santé, à déployer rapidement et équitablement les outils de lutte contre les pandémies et, plus généralement, à promouvoir des modèles de société durables doivent être au cœur de la reconstruction post-Covid.

CHAPITRE II

Prévenir et s'adapter à l'ère des dérèglements climatiques

Jean-Pascal van Ypersele

La situation climatique contemporaine est exceptionnelle. Elle l'est d'une part par la vitesse de son évolution, et d'autre part parce qu'elle est pour la première fois le résultat d'activités humaines. Bien sûr, les facteurs géologiques, comme la dérive des continents, ou astronomiques, comme la lente déformation de l'orbite terrestre (l'effet Milankovitch), influencent toujours notre climat. Mais depuis 1950 environ, c'est le facteur humain, via les émissions de CO_2 et d'autres gaz à effet de serre, qui a pris le dessus.

Si la conviction des scientifiques sur l'influence du facteur humain est aujourd'hui si forte, c'est en partie grâce aux mesures et aux analyses des pionniers, dont celles qui ont commencé dans les Alpes au XVIIIe siècle. Horace Bénédict de Saussure (1740-1799), géologue et naturaliste genevois, a très tôt compris l'importance de disposer de mesures précises, réalisées à différentes altitudes, pour décrire les phénomènes climatiques. C'est sous son impulsion que la première ascension du mont Blanc a eu lieu en 1786, et que des mesures y ont été faites et ont aidé à la compréhension de l'atmosphère. Citons également Eunice Newton Foote (1819-1888), scientifique américaine longtemps oubliée et trop peu reconnue, qui fut la première, en 1856, à remarquer la capacité du CO_2 et de la vapeur d'eau à absorber la chaleur et à influencer le climat si la proportion de ces gaz varie. Trois ans plus tard, le physicien irlandais John Tyndall, familier des glaciers alpins comme de Saussure, arrivait indépendamment aux mêmes conclusions.

La climatologie a donc des racines anciennes et solides, même si le GIEC (Groupe d'experts intergouvernemental sur l'évolution du climat) n'a été créé par les Nations Unies qu'en 1988. Le GIEC a pour mission de fournir aux citoyens et aux décideurs du monde entier une évaluation rigoureuse de l'immense littérature scientifique accumulée sur le sujet depuis deux cents ans. Le travail gigantesque effectué par les milliers de scientifiques, sur base volontaire, qui ont contribué aux publications du GIEC au fil du temps a permis de trier, évaluer, structurer et synthétiser le plus objectivement possible les informations pertinentes à propos de toutes les dimensions des changements climatiques.

L'effet de serre symbolise les atteintes à l'environnement dues à la logique d'accumulation. Des dizaines de milliards de tonnes de CO_2 sont émises chaque année par la combustion de charbon, pétrole et gaz, ainsi que dans une moindre mesure par le déboisement. Les changements climatiques vont affecter les écosystèmes, la chaîne alimentaire, l'eau, la santé humaine... et en particulier les populations les plus vulnérables.

L'injustice climatique

Le développement inégal du Nord et du Sud a pour conséquence que près des trois quarts de l'excès de CO_2 accumulé dans l'atmosphère jusqu'à ce jour proviennent des pays industrialisés du Nord. Même si les pays du Sud émettent aujourd'hui plus de gaz à effet de serre que ceux du Nord, la responsabilité historique de ces derniers restera encore longtemps prépondérante.

Ce sont en effet les quantités accumulées au fil des décennies qui sont à l'origine du réchauffement du climat, et pas directement ce qui est émis une année donnée[1]. Le CO_2 présent dans l'atmosphère retient une part de la chaleur rayonnée par la Terre sous forme d'infrarouges, et plus il y a de CO_2, plus il y a de piégeage, ce qui accroît inévitablement la température moyenne globale de l'air en surface et modifie le climat de la Terre. C'est ce qu'on appelle « l'intensification de l'effet de serre », en référence au mécanisme à l'œuvre dans les serres, où les vitres jouent apparemment un rôle similaire à celui du CO_2. Le Nord a donc accumulé, avec le CO_2, une « dette climatique » vis-à-vis du Sud.

Ce que j'ai appelé « l'injustice climatique fondamentale »[2] réside dans le fait que les pays les plus pauvres sont les principales victimes des changements climatiques, alors qu'ils ne sont responsables que d'une part marginale des émissions de CO_2. Les impacts sur la santé humaine des changements climatiques incluent des changements dans l'extension géographique et dans la saisonnalité de différentes maladies infectieuses, les effets de la malnutrition et de la famine dus à une redistribution de la nourriture et des ressources en eau, et des augmentations de la mortalité et de la morbidité associées aux vagues de chaleur et aux inondations. Pour chacun des impacts potentiels indiqués ci-dessus, la vulnérabilité relative des différentes régions est largement déterminée par leur accès aux ressources (notamment financières), à l'information et aux technologies, et par la stabilité et l'efficacité de leurs institutions.

Cela signifie que les possibilités de développement durable seront plus gravement affectées par les changements climatiques dans les pays en développement et parmi

1 Plateforme Wallonne pour le GIEC, « "Sauver le climat" : Les bases », Lettre n°13, avril 2019.

2 van Ypersele, J.P., « L'injustice fondamentale des changements climatiques », *Alternatives Sud*, Vol. 13, no. 2, p. 7-20, 2006.

les populations non privilégiées. Bien sûr, les changements climatiques n'expliquent pas tous les problèmes rencontrés par les pays en développement, mais ils rendront plus difficile encore la satisfaction des besoins essentiels de leurs populations, tant dans le court terme que dans le long terme. Les changements climatiques risquent d'accroître l'iniquité à l'échelle mondiale et régionale, tant au sein des générations présentes qu'entre les générations actuelles et futures.

Par exemple, la production de nourriture est principalement influencée par la disponibilité de l'eau et des nutriments, et par la température. L'augmentation de la température pourrait ouvrir de nouvelles aires à l'agriculture dans les régions qui sont froides aujourd'hui, mais accroître aussi le risque de stress thermique ou hydrique dans d'autres régions. Les animaux de ferme (bétail, porc et volaille) sont tous sensibles à la chaleur et à la sécheresse. Les effets des changements climatiques, même en cas d'évolution progressive, ne seront pas uniformes. Généralement, certaines régions de latitudes moyennes à hautes peuvent bénéficier d'accroissements de la productivité agricole dans certains cas pour un réchauffement global modéré (jusqu'à 2 °C d'augmentation moyenne au-dessus de la température préindustrielle). Au contraire, dans les régions tropicales et subtropicales – où certaines cultures sont proches de leur seuil limite de tolérance à la chaleur et où l'agriculture non irriguée des régions sèches prédomine –, la production devrait décroître. De plus, la capacité d'adaptation des pays tropicaux moins développés est limitée par le manque de moyens financiers. Le réchauffement risque donc d'accroître la disparité en production de nourriture entre pays du Nord et du Sud. Certaines régions (particulièrement les tropiques arides et sub-humides, notamment l'Afrique) sont très affectées.

Les changements climatiques tuent à travers les événements extrêmes qui se multiplient (les inondations mais aussi les canicules comme celle de 2003 qui a causé la mort de 70 000 personnes en Europe). Dans bien des régions du monde, les effets des événements extrêmes ou plus simplement de températures de plus en plus élevées rendent l'agriculture de plus en plus difficile pour les travailleurs agricoles et pour certaines espèces cultivées. Les humains ne sont pas les seuls affectés ; c'est aussi le cas d'autres êtres vivants – comme le crapaud doré dans les montagnes du Costa Rica qui est probablement une des premières espèces à connaître une extinction que l'on a pu attribuer aux changements climatiques[3].

Une autre conséquence est que les glaciers, qui ont des liens très étroits avec la vie humaine et avec la santé des écosystèmes, reculent fortement – comme les glaciers qui font partie de la calotte glaciaire tropicale Quelccaya au Pérou, et dont la fonte

3 Alan Pounds, J., Bustamante, M., Coloma, L. *et al.*, « Widespread amphibian extinctions from epidemic disease driven by global warming », *Nature* 439, 161–167, 2006.

provoque une catastrophe en devenir[4]. La fonte des nombreux glaciers dans les Andes augmente dans un premier temps les flux d'eau en aval. Ces flux ont une grande importance pour les populations locales, car il ne pleut qu'une ou deux fois par an dans cette région tropicale et c'est la glace qui sert de « château d'eau » en assurant la distribution de l'eau tout au long de l'année en fondant lentement. Mais lorsque la glace fond rapidement et que les glaciers disparaissent, après plusieurs dizaines d'années de flux importants, il n'y a plus d'eau disponible, sauf lorsqu'il pleut. Cela entraîne des conséquences catastrophiques pour toutes les régions qui sont en aval, pour l'agriculture qui dépend de l'eau pour l'irrigation, et pour des villes entières qui dépendent des glaciers pour leur approvisionnement en eau.

Outre ces lents changements des conditions moyennes menant à la fonte des glaces et à la hausse du niveau des mers, la fréquence et/ou la gravité d'événements extrêmes comme les sécheresses, les inondations, les cyclones, les marées-tempêtes ou les tempêtes sont susceptibles de changer dans un monde plus chaud, et cela peut avoir de graves conséquences humaines et socioéconomiques.

Comme le Rapport spécial du GIEC sur un réchauffement global de 1,5 °C l'a montré[5], les émissions mondiales nettes[6] de CO_2 devraient être réduites à zéro d'ici 2050 pour respecter l'objectif le plus ambitieux de l'Accord de Paris (ne pas dépasser 1,5 °C de réchauffement au-dessus du niveau préindustriel). C'est donc de beaucoup plus qu'une réduction temporaire de quelques pourcents (comme celle qui a eu lieu en 2020 suite à la pandémie) dont nous avons besoin, et cela demande des changements radicaux dans la manière dont nous utilisons et produisons l'énergie, l'alimentation et tous les biens que nous consommons. Or, et c'est une leçon importante du coronavirus, les changements radicaux présentés hier comme inimaginables deviennent soudainement possibles quand chacune et chacun de nous ressentons vraiment le danger qui nous menace, et que la volonté politique est au rendez-vous.

Nous allions vers un précipice climatique. Le virus nous a permis de faire une petite pause. Il serait malin de ne pas simplement appuyer à nouveau sur l'accélérateur, sans

---

4 Vuille, M., « We've been studying a glacier in Peru for 14 years – and it may reach the point of no return in the next 30 », *The Conversation*, 2018.

5 IPCC (Intergovernmental Panel on Climate Change), Summary for Policymakers. In: *Global Warming of 1.5°C. An IPCC Special Report on the impacts of global warming of 1.5°C above pre-industrial levels and related global greenhouse gas emission pathways, in the context of strengthening the global response to the threat of climate change, sustainable development, and efforts to eradicate poverty* [Masson-Delmotte, V., P. Zhai, H.-O. Pörtner, D. Roberts, J. Skea, P.R. Shukla, A. Pirani, W. Moufouma-Okia, C. Péan, R. Pidcock, S. Connors, J.B.R. Matthews, Y. Chen, X. Zhou, M.I. Gomis, E. Lonnoy, T. Maycock, M. Tignor, and T. Waterfield (eds.)]. Cambridge University Press, Cambridge, UK and New York, NY, USA, pp. 3-24. https://doi.org/10.1017/9781009157940.001, 2018.

6 Les émissions nettes de CO_2 sont les émissions anthropiques dont on soustrait le retrait de CO_2 de l'atmosphère par des actions humaines délibérées. Voir « Les changements physiques du climat en 11 questions - Retour sur le 6e rapport d'évaluation du GIEC, groupe de travail 1 », Lettre n°23 de la Plateforme wallonne pour le GIEC : https://plateforme-wallonne-giec.be/Lettre23.pdf

se demander où nous voulons aller. La reconstruction post-Covid doit privilégier les domaines positifs à la fois pour l'environnement et l'économie : les investissements dans des infrastructures énergétiques « propres », la rénovation thermique des bâtiments, un soutien accru à l'enseignement et à la formation dans les domaines liés à la décarbonation, l'investissement dans le « capital naturel » pour accroître la résilience des écosystèmes et soutenir l'agriculture respectueuse du climat, le financement de la recherche et du développement autour des technologies propres. Il faut aussi adapter nos habitations, nos infrastructures, notre économie de manière que nous devenions plus résilients par rapport aux événements climatiques extrêmes.

Les similitudes entre la pandémie et le changement climatique

Il existe des similitudes entre les manières dont on aborde les enjeux du changement climatique et des pandémies. Dans les deux cas, les dirigeants politiques ont tendance à adopter la politique de l'autruche alors que les scientifiques tirent la sonnette d'alarme. Dans le cas des pandémies, le rapport sur les tendances mondiales à l'horizon 2025, publié en 2008 par le *National Intelligence Council*[7] des États-Unis, décrivait presque littéralement le scénario qui s'est produit avec la pandémie de Covid-19 : une épidémie qui commence probablement dans un marché où les humains sont en contact avec les animaux du côté de la Chine, une diffusion grâce aux trajets aériens et au commerce international, la contamination de millions de personnes dans le monde, etc.

Dans le cas du climat, un texte qui a cinquante ans, rédigé par Barbara Ward et René Dubos dans le cadre du premier sommet des Nations Unies sur l'environnement organisé en 1972 à Stockholm, affirmait qu'« il pourrait suffire d'un très petit pourcentage de changement dans l'équilibre énergétique de la planète pour modifier les températures moyennes de 2 degrés Celsius. Si cette différence s'exerce vers le bas, c'est le retour à la période glaciaire ; au cas contraire, un retour à une Terre dépourvue de toute glace. Dans les deux cas, l'effet serait catastrophique »[8]. Les deux auteurs posaient ensuite une question lourde de sens : « L'ensemble des besoins probables en combustibles fossiles au cours des premières décennies du XXIe siècle ne va-t-il pas accroître considérablement l'émission de gaz carbonique dans l'atmosphère et, de ce fait, amener la température de la surface terrestre dangereusement près de cette augmentation de deux degrés qui peut amorcer le réchauffement à long terme de notre planète ? »[9] Il existe beaucoup de textes de ce genre qui datent de bien avant la création du GIEC en 1988. Autrement dit, nous avons été prévenus – que ce soit pour les conséquences des pandémies ou celles des changements climatiques.

---

7 National Intelligence Council, *Global Trends 2025: A Transformed World, 2008.* www.dni.gov/nic/NIC_2025_project.html

8 Ward B. et Dubos R., *Nous n'avons qu'une Terre*, Éd. Denoël, 1972, p. 299.

9 *Ibid.*, pp. 300-301.

La prise de conscience de la communauté internationale a été bien tardive par rapport à l'ampleur du problème climatique. Alors que des scientifiques ont commencé à sonner l'alerte dès la fin des années 1950, que la première Conférence mondiale sur le climat a reconnu en 1979 l'importance des changements climatiques qui pourraient résulter de l'intensification de l'effet de serre, il a fallu attendre la Conférence des Nations unies sur l'environnement et le développement à Rio de Janeiro en 1992 pour qu'une Convention cadre des Nations Unies sur les changements climatiques (CCNUCC 1992) soit adoptée.

Une autre similitude entre les deux phénomènes est que dans les deux cas, il y a des « vagues » à aplatir. « *Flatten the Curve* » a été le mot d'ordre durant la pandémie, dans le but d'éviter l'asphyxie des hôpitaux. Mais il existe aussi les vagues du climat et de la biodiversité qu'il est urgent d'aplatir – à commencer par les vagues de surmortalité dues aux changements climatiques. Si on prend par exemple les données de la mortalité en Belgique en 2020, on constate un pic énorme de mortalité en mars et avril 2020 qui s'explique par le coronavirus, mais on constate également une vague moins prononcée mais néanmoins importante avec 1 400 morts enregistrées en août 2020 à la suite de la vague de chaleur. Évidemment, si un pays comme la Belgique dispose de statistiques détaillées et fiables, ce n'est pas le cas de pays en développement comme le Pakistan, où les températures de 50 à 52 degrés enregistrées ces dernières années ont certainement causé un très grand nombre de morts qui ne sont toutefois pas officiellement reconnus.

Une autre vague à aplatir est celle des émissions de gaz à effet de serre. Le rapport spécial du GIEC sur les conséquences du réchauffement mondial de 1,5 °C, publié en 2018, montre la forme que la « vague » des émissions mondiales de CO_2 doit prendre pour respecter l'objectif de 1,5 °C et atteindre en 2050 des émissions nettes nulles[10]. La revue libérale *The Economist* du 23 mai 2020 appelait ainsi à saisir le moment de la pandémie pour réfléchir à notre relation avec la nature et aplatir la courbe des émissions de CO_2, après avoir souligné que « les dommages résultant des changements climatiques seront plus lents que ceux de la pandémie, mais ils seront bien plus graves et à plus long terme ».

Une autre similitude est que dans le cas des changements climatiques comme dans celui de la pandémie, ce sont les plus pauvres qui sont les plus affectés. Or, comme on l'a vu dans le cas de la pandémie de Covid-19, nous sommes tous dans le même bateau, même si nous ne sommes pas tous dans la même classe de cabine. Par conséquent, négliger la santé des plus pauvres et leur refuser des vaccins conduisent à des « effets boomerang », comme les risques de variants. Réduire les inégalités et la

10 Voir aussi la Lettre consacrée à ce sujet par la Plateforme wallonne pour le GIEC en 2018 : www.plateforme-wallonne-giec.be/Lettre11.pdf

pauvreté est dès lors essentiel pour garantir le bien-être commun. On peut illustrer cette logique de multiples manières au sujet du climat, où les personnes pauvres sont beaucoup plus vulnérables à un même évènement, comme dans le cas de l'ouragan Katrina[11,12] en 2005 dans la Nouvelle-Orléans, où les personnes pauvres ont été gravement touchées, tandis que les plus riches ont pu quitter la ville dans leur SUV et se réfugier dans leur résidence secondaire. À l'instar des pandémies, la pollution de l'air affecte de manière disproportionnée les plus pauvres et les plus vulnérables. Parmi les personnes les plus fragiles par rapport à la qualité de l'air ou aux extrêmes climatiques, les plus pauvres et les enfants[13] sont souvent en première ligne. C'est le cas en Afrique, mais aussi dans nos pays riches, comme on l'a constaté lors des inondations de l'été 2021 en Europe.

Les conséquences économiques et sociales des changements climatiques peuvent être plus ou moins grandes en fonction de l'organisation sociale ou du degré de préparation des autorités et des populations. Un cyclone tropical d'intensité similaire peut avoir des effets très différents d'un endroit à l'autre. Les pauvres n'ont souvent pas d'autre choix que de s'installer sur des lopins de terre sans valeur dans des zones sujettes aux catastrophes (de moins en moins) naturelles, telles que les rives de cours d'eau ou les flancs de colline instables des zones déboisées. Ce sont ces conditions qui prédéterminent non seulement la vulnérabilité des plus démunis aux catastrophes « naturelles », mais aussi leur capacité à en affronter les conséquences. Les familles les plus pauvres sont parfois contraintes de s'endetter encore davantage pour reconstruire leur foyer, remplacer les biens perdus et satisfaire leurs besoins les plus élémentaires jusqu'à la reprise d'activités qui génèrent des revenus.

Les similitudes concernent également les relations entre les humains et la nature que la pandémie et les changements climatiques nous incitent à revisiter. La déforestation, la destruction des écosystèmes et la pollution sont des causes majeures des crises mondiales que nous connaissons. Les écosystèmes souffrent alors que nous dépendons de leur bon état. L'état de la biodiversité est très inquiétant. De nombreuses espèces parmi les mammifères terrestres et marins, les poissons, les insectes et les plantes ont disparu[14].

En définitive, tant pour la pandémie de Covid-19 que pour les changements climatiques, une réflexion à long terme et des changements fondamentaux sont nécessaires.

11 Bullard RD, Wright B., *Race, Place, and Environmental Justice After Hurricane Katrina: Struggles to Reclaim, Rebuild, and Revitalize New Orleans and the Gulf Coast*, Westview Press, 2009.

12 Le Tréhondat, P. et Silberstein P., *L'ouragan Katrina – Le désastre annoncé*, Syllepse, 2005.

13 UNICEF, *Clear the air for children - The impact of air pollution on children*, 2016.

14 IPBES, *Global assessment report on biodiversity and ecosystem services*, Intergovernmental Science-Policy Platform on Biodiversity and Ecosystem Services. E. S. Brondizio, J. Settele, S. Díaz, and H. T. Ngo (editors). IPBES secretariat, 1148 pages, 2019.

Les différences entre la pandémie et les changements climatiques

Des différences existent également entre les deux phénomènes. Par exemple, les victimes d'un virus sont plus proches et plus visibles que celles des changements climatiques – sauf pour les personnes directement confrontées à des événements climatiques extrêmes comme des inondations ou des tempêtes.

L'échelle de temps est également plus longue pour les changements climatiques que pour le Covid-19, dont les effets se font sentir pendant quelques années. C'est évidemment très éprouvant, mais aussi très court en comparaison à l'échelle de temps qui caractérise les changements climatiques. On considère qu'un quart à un tiers d'une tonne de CO_2 émise aujourd'hui sera encore présent dans l'atmosphère dans 1 000 ans. L'inertie dans le cycle du carbone et le système climatique est très grande. Cela signifie également que l'écart temporel entre l'action et son résultat est très long. Entre les mesures prises par les gouvernements pour lutter contre la pandémie et les résultats en matière de réduction des cas et des morts, il se passe quelques semaines, alors que dans le cas du climat, cela se chiffre en décennies. Si on arrêtait les émissions mondiales nettes de CO_2 aujourd'hui, la température moyenne mondiale cesserait d'augmenter, mais on ne la verrait pas redescendre avant des décennies.

C'est d'ailleurs pourquoi l'impact du confinement et de la mise à l'arrêt de secteurs économiques entiers n'a eu qu'un effet très limité sur la concentration de CO_2 dans l'atmosphère. On pourrait penser que la pandémie a eu un effet positif pour le climat, mais ce n'est pas nécessairement le cas. Certes, les émissions mondiales de gaz à effet de serre ont baissé de près de 5 % en 2020 du fait des mesures de confinement, mais non seulement elles ont rebondi de plus de 6 % en 2021[15], mais l'effet sur le stock de CO_2 présent dans l'atmosphère est en outre quasi-nul, car le CO_2 est un gaz qui s'accumule dans l'atmosphère. Or c'est ce stock qui compte, car cette concentration est en quelque sorte l'épaisseur de la couche d'isolant thermique que nous avons installée progressivement autour de nous. Ce n'est pas parce que les émissions de CO_2 diminuent ponctuellement que cette couche d'isolant thermique disparaît pour autant. Cette épaisseur, mesurée par la concentration en ppm (parties par million), augmente depuis la Révolution industrielle, car nous émettons plus de CO_2 que ce que les systèmes naturels ne peuvent absorber. Par conséquent, le CO_2 s'accumule. Le 25 mai 2020, la concentration en CO_2 mesurée à l'observatoire de la Scripps Institution à Mauna Loa (Hawaï) a atteint sa valeur maximale pour cette année : 418.04 ppm. C'est quasiment 3 ppm de plus que l'année précédente, et la baisse des émissions due au confinement n'a eu qu'un effet négligeable sur cette augmentation.

Une autre grande différence est que les changements climatiques, contrairement à la pandémie, menacent non seulement les humains, mais aussi les écosystèmes dont

15 https://blogs.imf.org/2022/06/30/greenhouse-emissions-rise-to-record-erasing-drop-during-pandemic/

nous dépendons. Enfin, contrairement à la pandémie, nous ne disposons malheureusement pas de vaccin contre les changements climatiques.

Les scénarios du GIEC

Les cinq scénarios du GIEC en termes de concentration de CO_2 mènent à des évolutions de la température qui se situent à la fin du siècle entre un réchauffement de 1,5°C et presque 5°C de plus qu'à la période préindustrielle, avec une répartition dans l'espace qui montre une augmentation de température plus forte sur les continents que sur l'océan et une évolution de la température particulièrement catastrophique dans les régions polaires de l'hémisphère nord, puisque la disparition de la glace de mer sur l'océan Arctique amplifie le réchauffement.

Les effets sur les précipitations sont assez bien connus et ne sont pas très différents de ce qu'on commence à observer aujourd'hui, avec notamment un assèchement important du bassin méditerranéen (le nord de l'Afrique et le sud de l'Europe), mais aussi du sud de l'Afrique et d'une bonne partie de l'Amazonie. Les événements extrêmes sont appelés à croître aussi bien en termes de fréquence que d'intensité.

Les impacts des changements climatiques affecteront l'habitabilité même de notre planète. Des dizaines de millions de gens vont voir leur maison inondée, perdre le fruit de leur travail, voire leur vie ou celle de leurs enfants, parce qu'en plus de l'effet de la fonte des glaciers, l'océan se dilate quand il s'échauffe et son niveau moyen va s'élever, inondant des pays entiers. Mais aussi parce que des pluies diluviennes s'abattront de plus en plus fréquemment sur bien des régions. L'accélération du cycle de l'eau provoquera aussi davantage de sécheresses dans certaines régions et y facilitera les feux de forêts. Des vagues de chaleur tueront par milliers chaque année. Des millions d'hectares de cultures seront brûlés par le soleil et de nombreuses espèces vivantes ou écosystèmes disparaîtront. Des moustiques porteurs de maladies tropicales viendront piquer les banquiers à Wall Street. Or les sociétés humaines n'ont pas l'expérience d'un climat nettement plus chaud : pour retrouver un climat dont la température globale dépasse de plus de 2 °C celle d'aujourd'hui, il faut remonter plus de deux millions d'années en arrière !

Encore plus préoccupant est la température humide, car une température de 35°C combinée à un degré d'humidité de 100 % est mortelle en moins de six heures pour l'être humain. Le corps humain se refroidit principalement en transpirant. Mais pour transpirer, il faut que l'eau puisse s'évaporer. Or lorsque l'air ambiant est à 100 % d'humidité, cela ne fonctionne plus, car il n'y a plus de différence entre l'humidité de la surface du corps humain et celle de l'environnement. Or lorsqu'on observe les évolutions sur la base des scénarios moyen et élevé du GIEC d'ici la fin du siècle, on constate que dans des pays comme l'Inde, on pourrait se rapprocher dangereusement de ces températures de 35°C associées à un degré d'humidité élevé[16]. Si on ajoute la fonte des glaciers, le manque d'eau, les inondations, les sécheresses et les virus, des régions entières risquent de devenir à terme inhabitables.

Aujourd'hui, la température moyenne a déjà dépassé la « température de conservation » des calottes glaciaires du Groenland et de l'Antarctique. Or il s'agit d'un des trois facteurs qui influencent le niveau des mers – les deux autres étant la fonte des glaciers et la dilatation de l'eau. Le risque d'une élévation du niveau des mers de plusieurs mètres d'ici un siècle ou deux est très important. Le scénario le plus pessimiste du GIEC indique un risque d'élévation des mers de près de deux mètres en 2100 – soit quasi le double de ce qui était estimé dans le rapport précédent. Pour la première fois, le GIEC a aussi fait des estimations à plus long terme qui concluent qu'une élévation du niveau des mers de quinze mètres en 2300 ne peut être exclue en cas d'émissions élevées. Or une hausse du niveau des mers de seulement un mètre diminuerait la surface du Bangladesh de 17,5 % et des dizaines de millions de personnes seraient forcées de migrer. De nombreuses villes proches de la mer, comme Londres, New York, Mumbai ou Shanghai, sont menacées à moyen terme dans leur existence. Certains États insulaires, comme les Maldives ou Tuvalu, sont tout simplement menacés de disparaître.

Une opportunité à saisir

Le Rapport spécial du GIEC sur un réchauffement global de 1,5 °C a montré que l'objectif le plus ambitieux de l'Accord de Paris permettrait de réduire significativement la gravité des impacts des changements climatiques[17]. Vu la quantité déjà émise de gaz à effet de serre, respecter un tel objectif exigerait une réduction des émissions mondiales nettes de CO_2 de 100 % d'ici environ 2050, et une forte diminution des émissions des autres gaz. Les scénarios des 1,5 °C nécessitent des transitions rapides et de grande envergure dans les systèmes énergétiques, industriels, urbains et d'infrastructures (y compris le transport et les bâtiments), ainsi que dans l'usage des sols. De tels changements sont sans précédent en matière d'échelle. Ils requièrent de fortes réductions d'émissions dans tous les secteurs et une augmentation substantielle des investissements associés à ces mesures.

Bien sûr, chacun de nous peut agir en tant que citoyen et citoyenne. L'isolation des bâtiments (par l'extérieur si possible), un moindre usage de la voiture et de l'avion, au profit du télétravail, de la mobilité douce (vélo et marche) et des transports publics, tout ce qui contribue à utiliser moins de combustibles fossiles (charbon, pétrole et

16 Im E.S. et al., « Deadly heat waves projected in the densely populated agricultural regions of South Asia », *Science Advances*, 2017.

17 Plateforme Wallonne pour le GIEC, « Le rapport spécial du GIEC - Réchauffement planétaire de 1.5°C », Lettre n°11, 2018.

gaz), une alimentation moins basée sur la viande, surtout rouge, et davantage sur les végétaux, locaux et de saison si possible, une plus grande attention à l'empreinte carbone des produits, une épargne investie davantage dans des produits « durables » Tout cela est très utile, et chacun peut essayer de le faire.

Mais les responsables politiques ont l'immense responsabilité de faciliter ces gestes, de les rendre les plus abordables possible, d'aider les citoyens en prenant les mesures structurelles nécessaires. Il est par exemple illusoire de demander aux gens de prendre davantage leur vélo ou les transports publics si les pistes cyclables, les infrastructures, les fréquences de passage ou le confort ne sont pas au rendez-vous. Le taux de rénovation thermique profonde du bâti restera aussi trop faible tant que des mesures ne seront pas prises pour faciliter ces opérations à l'échelle de quartiers entiers (ce qui abaissera leur coût), que l'on n'oblige pas les propriétaires à rénover leur bien avant de le remettre en vente ou en location, ou que l'on n'incite pas davantage les banques à financer ces efforts en se payant en partie sur les futures économies d'énergie.

Les acteurs économiques doivent également être mis davantage devant leurs responsabilités. Ils doivent mieux comprendre qu'il n'y aura pas de business dans un environnement saccagé. Le maintien de l'habitabilité de la planète pour toutes et tous doit faire partie de la « mission » des entreprises. Et une bonne manière d'aider à faire passer le message est d'appliquer le principe du pollueur-payeur. Les pouvoirs publics en ont la responsabilité. Mais ils doivent aussi veiller à ce que le résultat de cette opération n'accroisse pas les inégalités. De nombreux économistes ont montré que c'était possible (notamment en recyclant une partie des revenus générés par la taxation de la pollution de manière à abaisser les impôts sur les faibles revenus). Il est évident que les pouvoirs publics, à tous les niveaux, doivent appliquer à eux-mêmes les règles imposées à tous, et constituer des exemples.

La reconstruction post-Covid est une opportunité à saisir. C'est le moment de faire les bons choix, de bien investir l'argent disponible pour ne pas retomber dans une ornière encore plus profonde. Nous allions vers un précipice climatique. Le virus nous a permis de faire une petite pause. Il serait malin de ne pas simplement appuyer à nouveau sur l'accélérateur, sans se demander où nous voulons aller.

Partie II

La transition vers des modes de production et de consommation durables

CHAPITRE 3

Reconstruire en mieux : lutte contre les inégalités et transformation écologique et sociale

Olivier De Schutter

La réaction des gouvernements à la pandémie du Covid-19 a été remarquable à deux égards. D'abord, afin de préserver des vies, ils ont mis en coma artificiel une partie de l'économie, pendant de nombreux mois : pour la première fois en temps de paix, leur action a été guidée par d'autres priorités que la recherche de la croissance. Ensuite, ces mesures ayant amené la pire récession depuis la Grande Dépression des années 1930, ils ont injecté des montants considérables dans l'économie (près de 16 000 milliards de dollars à l'échelle mondiale en un an[1]), afin de soutenir les entreprises en difficulté, de renforcer la protection sociale, ou de développer des infrastructures pour accélérer le retour à la croissance. Les déficits publics ont explosé, mais là encore, les considérations budgétaires ont été mises de côté afin de soutenir les ménages et les acteurs économiques les plus affectés. Des tabous majeurs sont tombés. Un nouveau paradigme se dessine, dans l'improvisation.

Ce retour de l'État dans l'économie est un fait majeur. Il montre que nous avons appris, au moins temporairement, des erreurs commises suite à la grande crise financière de 2008-2009, lorsque des plans d'austérité avaient été imposés dans l'urgence, afin de pallier l'explosion des dettes publiques suite au renflouement des banques, avec des effets procycliques dévastateurs. Mais l'équation à laquelle nous sommes confrontés est bien plus complexe, et ne se ramène nullement à un débat entre « relance par la demande » d'un côté, et « responsabilité fiscale » de l'autre. Car, tandis que nous débattons de la sortie de la crise économique, la crise écologique s'étend. La biodiversité s'effondre plus vite qu'à aucun moment de l'histoire de l'humanité[2]. Les émissions de gaz à effet de serre continuent de croître à l'échelle mondiale, alors que nous devons parvenir à la neutralité carbone en 2050 si nous voulons éviter les pires conséquences des ruptures climatiques[3]. Les sols se dégradent et sont de moins en moins en mesure de fonctionner comme puits de carbone et

1 FMI, « Fiscal Monitor. A Fair Shot », avril 2021, p. 1.

2 IPBES/7/10/Add.1, p. 3.

3 Masson-Delmotte V. et al., éd., *Global Warming of 1.5°C: an IPCC Special Report on the Impacts of Global Warming of 1.5°C above Pre-Industrial Levels and Related Global Greenhouse Gas Emission Pathways, in the Context of Strengthening the Global Response to the Threat of Climate Change, Sustainable Development, and Efforts to Eradicate Poverty* (Groupe d'experts intergouvernemental sur l'évolution du climat (GIEC), 2018).

réservoirs de biodiversité[4].

Si nous voulons garder le cap de l'objectif à long terme qui consiste à construire des économies durables, résilientes et inclusives, capables non seulement d'éradiquer la pauvreté mais aussi de demeurer dans les limites planétaires, la simple quête de la croissance ne peut constituer la réponse. Il ne suffit plus d'improviser : un nouveau modèle de développement est à inventer, qui ne fasse plus dépendre la réduction de la pauvreté et la protection de l'environnement de la création de la richesse monétaire.

C'est la combinaison de ces objectifs – réduire la pauvreté d'une part, accélérer la transformation vers des sociétés respectueuses de la biodiversité et bas-carbone d'autre part – qui est au cœur des Objectifs de développement durable, traduisant l'Agenda 2030 de développement durable de l'ONU. Il s'agit pour cela de sortir d'un modèle de développement fondé, comme au siècle précédent, sur l'impératif de la croissance économique, mesurée par un indicateur tel que le produit intérieur brut (PIB) par habitant[5]. Le nouveau modèle doit se donner pour objectif le bien-être des populations, ou ce que Amartya K. Sen a appelé l'expansion des capabilités de l'individu[6] — ou encore ce que, depuis 1990, le Programme des Nations unies sur le développement (PNUD) appelle le développement humain[7].

Ce chapitre met en avant pourquoi la lutte contre les inégalités doit figurer au centre de la reconstruction post-Covid. Il y a urgence à agir. Selon les données publiées par le Laboratoire mondial des inégalités en décembre 2021, les 10 % les plus riches de la population mondiale percevaient 52 % des revenus (les individus appartenant à cette catégorie gagnant en moyenne 87 200 euros par an avant impôts et transferts sociaux), alors que les 50 % les plus pauvres n'en percevaient que 8,5 % (les individus appartenant à cette catégorie gagnant en moyenne 2 800 euros par an). Et les écarts de richesse sont plus prononcés encore que les écarts de revenus : la moitié la plus pauvre de la population mondiale ne détient que 2 % des actifs, alors que les 10 % les plus riches détiennent 76 % de la richesse totale.

---

4 IPCC/GIEC, Special Report on Climate Change, Desertification, Land Degradation, Sustainable Land Management, Food Security, and Greenhouse gas fluxes in Terrestrial Ecosystems. Summary for Policymakers - Headline Statements (2019); Intergovernmental Science-Policy Platform on Biodiversity and Ecosystem Services (IPBES), Thematic assessment of land degradation and restoration approved at its sixth session (Medellin, 18-24 March 2018).

5 Sur le poids de cet indicateur de progrès, voy. Fukuda-Parr S., "The Human Development Paradigm: Operationalizing Sen's Ideas on Capabilities", *Feminist Economics* 9(2-3) (2003), pp. 301-307.

6 Sen A., *Development as Freedom* (Oxford: Oxford University Press, 1999); Sen A., "A Decade of Human Development", *Journal of Human Development*, Vol 1, No. 1 (2000), pp. 17-23.

7 Sur le rôle de l'indicateur de développement human au sein des rapports annuels du PNUD sur le développement humain, voy. Stanton E.A., "The Human Development Index: A History", *Political Economy Research Institute Working Paper Series*, Number 127 (University of Massachusetts Amherst, février 2007).

Faut-il s'en inquiéter ? En faisant figurer par les Objectifs de développement durable (ODD) celui de « réduire les inégalités dans les pays et d'un pays à l'autre » (Objectif 10), l'Agenda 2030 du développement durable met en avant l'objectif d'une croissance inclusive, qui bénéficie en priorité aux groupes les plus défavorisés : la cible 10.1 des ODD est de faire en sorte que « les revenus des 40 % les plus pauvres de la population augmentent plus rapidement que le revenu moyen national, et ce de manière durable », et la cible 10.4 est d'adopter des politiques, notamment fiscales, salariales et de protection sociale, pour parvenir à une plus grande égalité. Les inégalités au sein des États ont en effet augmenté de manière telle, depuis quarante ans, qu'elles deviennent à présent un obstacle à la fois à la mobilité sociale des membres des groupes les plus défavorisés, et à la lutte contre la pauvreté de manière plus générale. Ces inégalités sont en outre un obstacle à la transformation écologique. Les sociétés qui réduisent les écarts de revenus et de richesses sont mieux outillées pour favoriser un type de développement garantissant la prospérité pour tous et toutes, sans que le forçage de la croissance économique en soit la condition de possibilité. Elles font aussi une meilleure utilisation des ressources à leur disposition, donnant la priorité à la satisfaction des besoins essentiels des groupes les moins favorisés en son sein, plutôt qu'à celle des modes de consommation des plus riches.

Réduction des inégalités et élimination de la pauvreté

La persistance des inégalités constitue d'abord un obstacle majeur à l'élimination de la pauvreté, qui figure en tête des ODD. On a parfois affirmé que la lutte contre les inégalités nuit à la création de richesses, en réduisant les incitants indispensables à la recherche de gains de productivité. En réalité, la réduction des inégalités est indispensable à une prospérité inclusive, qui bénéfice à l'ensemble des membres de la société. À l'inverse, les inégalités sont un obstacle à la mobilité sociale : elles conduisent à des sociétés de classes, des sociétés stratifiées dans lesquelles la pauvreté se perpétue d'une génération à l'autre, contredisant la promesse d'égalité des chances sur laquelle les sociétés libérales sont fondées. Les sections qui suivent détaillent ces arguments.

Lutte contre les inégalités et croissance économique

Un argument fréquemment avancé contre la mise sur pied de politiques redistributives, combinant une fiscalité progressive et des transferts sociaux, est que ceci serait nuisible à la création de richesses. Cet argument a été diffusé notamment par les travaux de l'économiste conservateur Art Okun[8]. Dans les études de développement, il

8 Okun A.M., *Equality and Efficiency: the Big Trade-Off* (Washington: Brookings Institution Press, 1975).

a été popularisé sous le nom de « courbe de Kuznets », qui pose que l'augmentation des inégalités serait le prix inévitable à payer pour la croissance économique, et que l'introduction de politiques visant à combattre les inégalités, si elle intervient prématurément, pourrait dès lors nuire aux perspectives de développement.

Ces arguments n'ont en réalité aucun fondement empirique. Le constat qu'a fait Simon Kuznets dans son fameux article de 1955[9], portant sur une corrélation entre croissance des inégalités et croissance du PIB, ne valait que pour les pays en développement – pays à forte croissance, donc, et connaissant des processus d'industrialisation et d'urbanisation rapides ; le constat ne peut être transposé aux économies industrielles avancées ou même aux pays émergents, dans lesquels ces processus de transformation structurelle sont déjà achevés. En outre, l'usage idéologique qui a été fait de son travail ne correspond pas aux résultats réels de Kuznets. Bien qu'historiquement il puisse y avoir eu corrélation entre la transformation structurelle liée à l'industrialisation et l'augmentation des inégalités, cela n'implique pas qu'une telle augmentation doive être considérée comme condition à l'industrialisation.

Les données recueillies depuis permettent au contraire de conclure que la transition agraire et l'industrialisation auraient eu des conséquences bien moins néfastes pour la cohésion sociale, et auraient donc été bien plus soutenables, si elles avaient été accompagnées de régimes redistributifs solides compensant les perdants en leur transférant des ressources des gagnants. La protection sociale joue un rôle de stabilisation en période de ralentissement économique puisqu'elle contribue à réduire la pauvreté et à accroître le niveau de consommation des ménages à faible revenu. Elle permet aussi aux ménages d'augmenter leur épargne[10], ce qui leur évite d'avoir à vendre des actifs productifs en temps de crise[11] et de plonger dans la misère à cause de dépenses de santé catastrophiques[12]. En outre, elle est indispensable pour garantir une croissance inclusive et durable, propice à un partage plus équitable du développement et générant des effets plus prononcés sur la réduction de la pauvreté[13]. La protection sociale contribue en outre à rendre l'économie plus compétitive et a des effets multiplicateurs non négligeables. Elle se traduit par une augmentation des taux

9 Voir Kuznets S., "Economic Growth and Income Inequality", *American Economic Review* 45 (mars 1955): 1–28.

10 Handa S. et autres, *Livelihood Empowerment against Poverty Program Impact Evaluation* (Chapel Hill, University of North Carolina at Chapel Hill, février 2014).

11 Ralston L., Andrews C. et Hsiao A., « The impacts of safety nets in Africa – what are we learning? », Document de travail de recherche sur les politiques no 8255 (Banque mondiale, 2017).

12 Elbers C. et autres, « Impact of social protection interventions for basic health care provision », note d'orientation, 27 mars 2018. Les auteurs de la note d'orientation expliquent qu'au Kenya, la gratuité des soins de santé primaires s'est traduite par une baisse des dépenses de santé catastrophiques, qui sont tombées de 4 % en 2003 à 1 % en 2013.

13 Voir, par exemple, Soares S. et autres, « Conditional cash transfers in Brazil, Chile and Mexico: impacts upon inequality », Working Paper no 35 (Brasilia, International Poverty Centre, 2007), et Programme des Nations Unies pour le développement (PNUD), Sharing Innovate Experiences: Successful Social Protection Floor Experiences, vol. 18 (New York, 2011).

de scolarisation et de réussite scolaire[14], une amélioration de la situation sanitaire et un accroissement du taux de participation au marché du travail, profitant ainsi aux économies locales dans leur ensemble. Même les pensions de vieillesse ont ce type d'effets, puisque le surplus de revenu disponible des ménages est souvent investi dans l'éducation[15]. Les réformes apportées au marché du travail au nom de la recherche de la compétitivité et de la croissance, de même, n'ont pas produit les effets escomptés, même si l'impact de la « flexibilisation » sur les droits des travailleurs et des travailleuses a été, quant à lui, bien réel. C'est le constat que faisait l'Expert indépendant sur les impacts de la dette extérieure sur la jouissance des droits économiques, sociaux et culturels, dans un rapport de 2016 qui passe en revue les données économiques disponibles :

> « Dans l'ensemble, les études empiriques ne semblent pas corroborer l'idée que la déréglementation du droit du travail contribue au redressement des pays après une crise économique. Les faits tendent plutôt à confirmer que "les pressions exercées pour assouplir le marché du travail et ainsi stimuler la croissance tirée par les exportations finiront par freiner la consommation, les exportations nettes et l'emploi" au niveau mondial[16]. »

Il existe aujourd'hui un consensus quant au fait que des politiques de lutte contre les inégalités en matière de droit du travail, de fiscalité et de protection sociale, loin d'être un obstacle au développement économique, en sont l'un des ingrédients. Les investissements dans la protection sociale, outre qu'ils favorisent la constitution du capital humain dont dépend la compétitivité de l'économie à long terme, génèrent d'importantes recettes pour l'économie locale, dès lors que les bénéficiaires dépensent dans les entreprises locales. L'Organisation des Nations Unies pour l'alimentation et l'agriculture (FAO) s'est servie du modèle d'évaluation de l'impact à l'échelle

14 Ceci est démontré dans études portant sur l'impact des programmes de transferts monétaires en Éthiopie, au Kenya, au Lesotho et au Zimbabwe, où il a été montré que ces programmes ont permis de réduire le nombre d'enfants travaillant dans les exploitations familiales (Organisation des Nations Unies pour l'alimentation et l'agriculture (FAO), *The Economic Case for the Expansion of Social Protection Programmes* (2017); van Kesteren F. et autres, «The business case for social Protection in Africa », Synthesis Report Series: Social Protection (INCLUDE: Knowledge Platform on Inclusive Development Policies, 2018)). En Inde, la mise en place du Mécanisme national de protection de l'emploi rural (National Rural Employment Guarantee Act) a permis de réduire le travail des enfants de 13,4 % pour les garçons et de 8,2 % pour les filles (Sanfilippo M., Martorano B. et De Neubourg C., « The impact of social protection on children: a review of the literature », Document de travail du Bureau de la recherche, n° WP-2012-06 (Florence, Bureau de la recherche de l'UNICEF, 2012)).

15 Ainsi, au Lesotho, les bénéficiaires de l'allocation vieillesse en consacrent une grande part à l'achat d'uniformes, de livres et de fournitures scolaires pour leurs petits-enfants, tandis qu'en Zambie, le programme Kalomo, qui est destiné aux ménages dirigés par des personnes âgées, a conduit à une augmentation de la fréquentation scolaire de 16 % (voy. van Kesteren F. et autres, « The business case for social Protection in Africa », Synthesis Report Series: Social Protection (INCLUDE: Knowledge Platform on Inclusive Development Policies, 2018)).

16 Rapport de l'Expert indépendant chargé d'examiner les effets de la dette extérieure et des obligations financières internationales connexes des États sur le plein exercice de tous les droits de l'homme, en particulier des droits économiques, sociaux et culturels, A/HRC/34/57 (27 décembre 2016), para. 51.

de l'économie locale (modèle LEWIE) pour mesurer l'effet multiplicateur des transferts en espèces dans sept pays d'Afrique subsaharienne, et elle a constaté que les multiplicateurs de revenus variaient, en termes nominaux, de 2,52 en Éthiopie à 1,34 au Kenya[17]. Selon une étude plus récente, deux programmes de transferts en espèces mis en place en Zambie (le Programme d'allocations familiales et le Programme ciblant plusieurs catégories de population) ont chacun généré un effet multiplicateur de revenus de 1,67 en moyenne[18]. Des chercheurs du Fonds monétaire international (FMI) relèvent que « la combinaison des effets directs et indirects de la redistribution, y compris la réduction des inégalités qui en découle, est dans une certaine mesure bénéfique à la croissance »[19]. Des recherches plus récentes ont d'ailleurs généralisé certains résultats (centrés, à l'origine, sur les seuls pays de l'OCDE) ayant montré que la concentration de revenus au sommet ralentit la croissance, alors qu'au contraire la croissance est stimulée par l'augmentation de la part des richesses totales allant au quintile le plus bas de la population ou à la classe moyenne : les chercheurs du FMI ont donc établi « une relation inverse entre la part de revenus revenant aux 20 % les plus riches et la croissance économique » :

> « Si la part de revenus des 20 % les plus riches augmente d'un point de pourcentage, la croissance du PIB est en réalité 0,08 point de pourcentage *inférieure* durant les cinq années suivantes, ce qui tend à montrer que les avantages ne sont pas réinjectés [dans l'économie]. Par contre, une même augmentation de la part des revenus des 20 % du bas de l'échelle (les pauvres) s'accompagne d'une croissance de 0,38 point de pourcentage *supérieure*. Ce rapport positif entre parts de revenus disponibles et croissance plus élevée reste valable pour les deuxième et troisième quintiles (la classe moyenne)[20]. »

Dans un rapport récent consacré à la mise sur pied d'un nouveau mécanisme international de financement de la protection sociale dans les pays du Sud, le Rapporteur spécial de l'ONU sur les droits de l'homme et l'extrême pauvreté a résumé dans ce schéma les liens entre protection sociale et croissance durable et inclusive :

17 FAO, *The Economic Case for the Expansion of Social Protection Programmes* (2017).

18 Handa S., Natali L., Seidenfeld D., Tembo G. et Davis B., "Can unconditional cash transfers raise long-term living standards? Evidence from Zambia", *Journal of Development Economics*, vol. 133 (juillet 2018), pp. 42-64, https://doi.org/10.1016/j.jdeveco.2018.01.008

19 Ostry J. D., Berg A. et Tsangarides C. G., "Redistribution, Inequality and Growth", IMF Staff Discussion Note, February 2014 (Fonds monétaire international, Washington, D.C., 2014) (également cités par le Rapport de la Rapporteuse spéciale sur l'extrême pauvreté et les droits de l'homme, Madgalena Sepúlveda Carmona, présenté à la 26ème session du Conseil des droits de l'homme (A/HRC/26/28) (22 mai 2014), para. 40). Voir également Berg A. et Ostry J.D, "Inequality and Unsustainable Growth: Two Sides of the Same Coin?", IMF Staff Discussion Note 11/08 (Fonds monétaire international, Washington, D.C., 2011).

20 Dabla-Norris E., Kochar K., Ricka, F., Suphaphiphat, N., & Tsount, E . "Causes and consequences of Income Inequality: A Global Perspective," IMF Staff Discussion Note. Strategy, Policy and Review Department (2015), p. 7. Voy. aussi Ostry, J., A. Berg et Tsangarides C."Redistribution, inequality and growth", IMF Staff Discussion Note, No SDN/14/02, Washington, D.C., International Monetary Fund – IMF (2014).

La contribution de la protection sociale à la croissance durable et inclusive

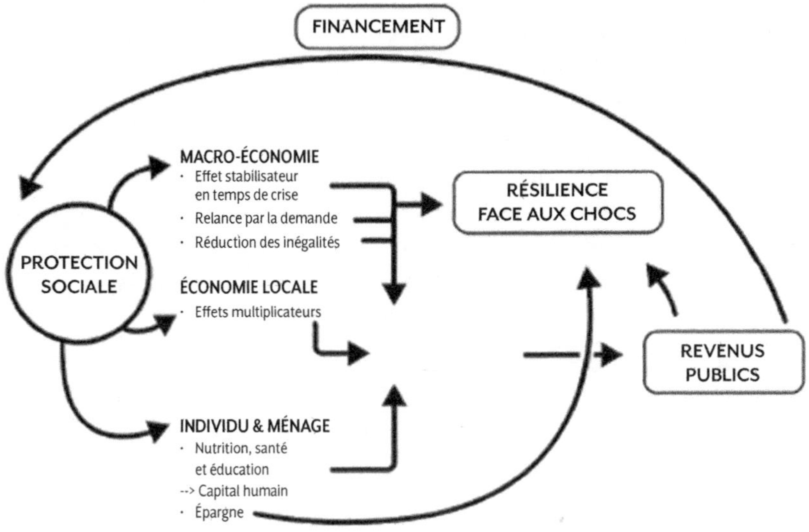

Source : Fonds mondial pour la protection sociale : la solidarité internationale au service de l'élimination de la pauvreté, Rapport du Rapporteur spécial sur les droits de l'homme et l'extrême pauvreté à la 47e session du Conseil des Droits de l'Homme (A/HRC/47/36) (2021).

Lutte contre les inégalités et prospérité post-croissance

Indépendamment du *rythme* de la croissance économique (augmentation de la richesse monétaire), c'est le *contenu* de la croissance qu'une meilleure prise en compte des inégalités devrait influencer. La croissance économique telle qu'elle a été promue jusqu'ici, de fait, a pu contribuer à ce qu'on a parfois appelé la « modernisation de la pauvreté ». Elle a accentué les écarts de revenus entre groupes de la population, selon les secteurs économiques dans lesquels ces groupes sont employés, en ne protégeant pas les secteurs moins compétitifs dans le cadre de l'ouverture des marchés ou en ne compensant pas les pertes subies par ces secteurs. Elle a encouragé la privatisation de ressources autrefois gérées comme des « communs », et donc librement accessibles à tous les membres des communautés, ce qui a privé d'accès à ces ressources les groupes ayant un pouvoir d'achat trop faible[21]. Elle a réduit les protections des travailleurs et travailleuses, au nom de l'exigence de flexibilité de la main-d'œuvre. Elle a entraîné les États dans une course vers le moins-disant fiscal, au prétexte d'attirer des investisseurs par un faible taux d'imposition des bénéfices des sociétés ou

21 Hallo De Wolf A., *Reconciling Privatization with Human Rights* (Intersentia, 2012).

d'autres avantages fiscaux. Ces mesures visant à créer de la croissance ont pu à la fois contribuer à une augmentation de la richesse produite à l'échelle du pays, et dans le même temps accentuer les écarts de revenus, voire conduire à la précarisation de la situation de certains groupes de la population. Ce sont d'ailleurs ces constats qu'avait déjà faits la sous-commission des Droits de l'Homme – un groupe d'experts indépendants institué afin d'informer les travaux de la Commission des Droits de l'Homme de l'ONU –, lorsqu'elle s'est penchée sur les liens entre croissance économique, garantie des droits humains et inégalités de revenus. Examinant ces liens dix ans après la chute du mur de Berlin, qui a favorisé de manière si spectaculaire l'accélération de la mondialisation économique, elle a abouti aux conclusions suivantes, telles que résumées par José Bengoa, son rapporteur sur ces questions :

> « a) Les bienfaits de la croissance de l'économie mondiale enregistrée après 1987 sont très inégalement répartis. La croissance s'est en effet accompagnée d'une répartition nettement négative des revenus tant au niveau international que national ("La croissance économique capitaliste mondialisée [au cours de la période 1988-1998] a pour conséquence sur le plan social deux phénomènes simultanés : la concentration de la richesse et l'exclusion sociale. Des pays, des régions, des zones entières de certaines parties du monde sont exclues de la croissance, des progrès techniques et des mutations vertigineuses qui se produisent quotidiennement dans le monde. Dans les pays eux-mêmes, des régions, des zones urbaines, mais aussi des zones rurales, souvent même des régions entières constituent un tiers-monde ou un quart-monde, exclu des bénéfices de la croissance économique ; d'autres régions, au contraire, 'se mondialisent', 's'internationalisent', profitent de la croissance mondiale et deviennent des poches du monde industrialisé enclavées dans un contexte général de 'tiers-monde'") ;
>
> b) Quand les revenus commencent à se concentrer chez un petit nombre de bénéficiaires, aussi bien la pauvreté relative que l'extrême pauvreté augmentent, et ce, aussi bien dans les pays développés que dans les pays en développement ;
>
> c) La répartition inégale des revenus dans un contexte de croissance économique crée des situations sociales « explosives » (« Les jeunes en particulier perdent toute confiance dans la valeur de la démocratie ; de nombreux secteurs de la population, lésés, appauvris ou victimes de discrimination voient leurs espoirs démocratiques affaiblis et le système politique perd de son efficacité. Les sociétés et les groupes sociaux deviennent de plus en plus vulnérables et il s'instaure un climat d'incertitude et d'instabilité sociale. Ce mode de développement a pour conséquence directe l'apparition de modes

de gouvernement autoritaires, non démocratiques, de mouvements nationalistes chauvinistes, de nouvelles formes de xénophobie, des haines sociales à l'égard des travailleurs migrants, entre autres manifestations ») ;

d) La répartition des revenus a un lien très étroit avec le plein exercice et la réalisation totale des droits fondamentaux, et la persistance des inégalités dans la répartition des revenus est aussi la cause d'une violation persistante des droits des individus ; dans les cas d'inégalités de revenus intolérables, on se trouve en présence d'une violation des règles de la coexistence nationale et internationale et par conséquent des droits des individus (« La répartition des fruits de la croissance économique n'est pas seulement une concession dictée par des sentiments charitables d'individus, de groupes ou de pays de bonne volonté, c'est fondamentalement une obligation constituée par des droits inhérents aux individus, aux groupes et aux pays et énoncés dans les accords et traités internationaux. La croissance assortie d'une répartition négative des revenus à un niveau considéré comme « intolérable », c'est-à-dire au point de mettre en danger la vie humaine et les droits qui y sont attachés, représente une violation des règles de la coexistence nationale et internationale et par conséquent des droits des individus ») ;

e) La répartition du revenu devrait devenir un indicateur économique et social pour les institutions financières internationales et d'autres organisations internationales ("De même que l'on utilise depuis longtemps déjà les indicateurs monétaires, le niveau d'inflation, l'endettement public, l'équilibre du budget national, etc., pour décider de l'octroi de crédits, réaliser des investissements, mettre en œuvre des programmes de développement et de coopération, de même on devrait se servir de la répartition des revenus comme d'un indicateur, en tenant compte du fait que la répartition inéquitable des revenus crée une instabilité beaucoup plus grande que de nombreux indicateurs macroéconomiques et financiers"[22].) »

Ces constats portent sur les impacts de la forme de croissance encouragée par la mondialisation économique depuis le début des années 1990. Ils ont été confirmés plus récemment par les recherches de Branko Milanovic, qui a tenté d'évaluer l'évolution des inégalités sur la période 1988-2008 : au cours de cette période de forte poussée de la mondialisation, située entre la chute du mur de Berlin et la grande crise financière, la croissance a été généralement robuste, mais les inégalités ont augmenté au sein de la plupart des pays, ce que le « rattrapage » de certains pays à faible revenu

22 Rapport du Rapporteur spécial sur les relations entre la jouissance des droits de l'homme, en particulier les droits économiques, sociaux et culturels, et la répartition du revenu (E/CN.4/Sub.2/1998/8 (10 juin 1998), par. 4 à 9).

ou à revenu intermédiaire n'a que partiellement compensé[23]. En partant de données portant sur le Guatemala, le Malawi et le Myanmar, des chercheurs du FMI ont d'ailleurs noté que des mesures destinées à stimuler la croissance économique ont parfois conduit à une augmentation des inégalités, à défaut d'avoir été compensées par un renforcement de la protection sociale[24].

Les procédures spéciales du Conseil des Droits de l'Homme ainsi que, plus généralement, les mécanismes de contrôle du respect des droits humains, ont également formulé des réserves explicites portant sur les impacts sur ces droits des mesures prises par les États en vue d'encourager la croissance économique. Ils ont relevé, par exemple, que « les accords de libre-échange et les traités d'investissement bilatéraux peuvent avoir un certain nombre d'effets rétrogrades pour la protection et la promotion des droits de l'homme, notamment parce qu'ils abaissent le niveau de la protection sanitaire, de la sécurité alimentaire et des normes de travail[25] », et ont recommandé aux États de faire précéder la conclusion de traités de commerce ou d'investissement d'études d'impacts sur les droits humains[26]. Ils ont rendu les gouvernements attentifs aux dangers liés aux processus de privatisation de services ou d'entreprises publics, rappelant que « la privatisation des services en matière de santé, d'éducation, de sécurité sociale, d'eau, de sécurité et de liberté individuelle ne doit pas se faire au détriment de l'accès équitable à ces services et de la protection des droits de l'homme, et devrait faire l'objet d'études d'impact sur les droits de l'homme[27] ». Ils ont aussi mis en garde contre les risques liés à la dérégulation des marchés du travail[28]. Bref : non seulement la recherche de la croissance économique ne garantit pas une prospérité soutenable pour l'ensemble des membres de la société, mais elle peut en outre fragiliser la situation de certains groupes particulièrement exposés.

23 Milanovic B., *Global Inequality. A New Approach for the Age of Globalization* (Cambridge, Harvard University Press, 2016).

24 Fabrizio S., Furceri D., Garcia-Verdu R., Li B. G., Lizarazo S. V., Mendes Tavares M., Narita F., et Peralta-Alva A., *Macro-Structural Policies and Income Inequality in Low-Income Developing Countries*, IMF Staff Discussion Note SDN/17/01 (2017).

25 Rapport du Secrétaire général et du Haut-Commissaire sur le droit au développement (A/HRC/36/23) (26 juillet 2017), para. 45. Voir aussi Rapport du Secrétaire général et du Haut-Commissaire sur le droit au développement (A/HRC/36/23) (26 juillet 2017), para. 46.

26 Comité des droits économiques, sociaux et culturels, Observation générale n°24 (2017) sur les obligations des États dans le cadre du Pacte international relatif aux droits économiques, sociaux et culturels dans le contexte des activités des entreprises (E/C.12/GC/24, 10 août 2017, para. 13.

27 Rapport du Secrétaire général et du Haut-Commissaire sur le droit au développement (A/HRC/36/23) (26 juillet 2017), para. 55. Voir aussi Comité des droits économiques, sociaux et culturels, Observation générale n°24 (2017) sur les obligations des États dans le cadre du Pacte international relatif aux droits économiques, sociaux et culturels dans le contexte des activités des entreprises (E/C.12/GC/24, 10 août 2017, paras. 21-22; Rapport du Rapporteur spécial sur les droits de l'homme et l'extrême pauvreté (A/73/396, 26 septembre 2018, para. 82.

28 Rapport de l'Expert indépendant chargé d'examiner les effets de la dette extérieure et des obligations financières internationales connexes des États sur le plein exercice de tous les droits de l'homme, en particulier des droits économiques, sociaux et culturels, A/HRC/34/57 (27 décembre 2016).

Lutte contre les inégalités et mobilité sociale

Il faut enfin faire mention d'un dernier préjugé, fréquent lui aussi : il veut que les inégalités contribueraient à stimuler l'effort et amèneraient donc des gains de productivité qui, à terme, bénéficient à l'ensemble de la société par l'augmentation de la richesse monétaire qui en résulterait. La réalité est toute autre : les inégalités sont en fait un obstacle à la mobilité sociale[29], en partie parce que les inégalités empêchent les personnes en situation de pauvreté d'investir dans l'éducation et la formation, donc dans le capital humain, et parce que la capacité de saisir les opportunités d'ascension sociale dépend de l'accès à des ressources, tant monétaires que non monétaires, que les couches plus aisées de la société ont moins de mal à mobiliser. Il en résulte que les pays où les inégalités sont les plus fortes sont aussi ceux où la perpétuation d'une génération à l'autre aussi bien des privilèges que de la pauvreté est la plus importante. C'est ce à quoi les économistes font référence en évoquant la « courbe de Gatsby le Magnifique[30] ». Le graphique suivant illustre cette corrélation :

Les liens entre niveaux d'inégalité (axe horizontal) et mobilité sociale (axe vertical)

Source : M. Corak, Inequality from generation to generation : the United States in comparison (2012) (https://milescorak.files.wordpress.com/2012/01/inequality-from-generation-to-generation-the-united-states-in-comparison-v3.pdf)

29 OCDE, *Tous concernés : pourquoi moins d'inégalité profite à tous* (Paris, 2015), p. 27.

30 L'expression a été introduite par Alan B. Krueger, à l'époque président du Council of Economic Advisors conseillant le président Obama, dans une conférence donnée au Center for Economic Progress le 12 janvier 2012: voir https://obamawhitehouse.archives.gov/sites/default/files/krueger_cap_speech_final_remarks.pdf. L'histoire de «Gatsby le magnifique» est celle d'un personnage qui ne parvient pas à franchir les cloisons entre classes sociales en dépit de ses gains monétaires.

Parmi les pays de l'OCDE, le lien entre la situation économique des parents et la rémunération perçue par leurs enfants à l'âge adulte est le plus faible au Danemark, en Finlande et en Norvège, pays où les inégalités sont limitées, et il est le plus net en Italie, au Royaume-Uni et aux États-Unis (où la probabilité que les enfants de familles appartenant aux déciles de revenus supérieurs et inférieurs soient dans la même situation socio-économique que leurs parents est beaucoup plus grande). Ce lien est encore plus fort dans les pays à faible revenu[31], comme l'ont mis en lumière des études portant sur la ville de Bengalore en Inde[32], sur les habitants des zones rurales du Bengladesh[33], ou sur les habitants des favelas au Brésil[34]. En Afrique, la mobilité au niveau des études accomplies et de la profession exercée est plus marquée dans les pays où les inégalités de revenus sont moins importantes, comme le Ghana et l'Ouganda, que dans les pays où elles sont plus fortes, tels que la Côte d'Ivoire, la Guinée et Madagascar[35]. Cette corrélation entre inégalité et stratification sociale tient également si l'on mesure aussi les inégalités de développement humain, dans une approche multidimensionnelle de la pauvreté, au lieu de s'en tenir aux seules inégalités de revenus[36].

Une première conclusion se dégage : il n'y a aucun compromis nécessaire entre le souhait compréhensible des pays à faible revenu de poursuivre leur développement économique et la réduction des inégalités au sein de ces pays. C'est l'inverse : la réduction des inégalités sert la prospérité, mais une prospérité inclusive et donc aux impacts plus importants sur l'élimination de la pauvreté. Cette nouvelle prospérité ne repose pas sur la croissance économique seule. Elle repose sur des politiques qui favorisent la redistribution, donc l'investissement dans l'éducation et la santé, et qui brisent les cercles vicieux qui perpétuent la pauvreté en créant les conditions d'une véritable égalité des chances. La section suivante explique comment, par ailleurs, la réduction des inégalités contribue à la transformation écologique.

Réduction des inégalités et transformation écologique

La persistance des inégalités rend aussi plus difficile la transformation sociale requise pour enrayer la dégradation des écosystèmes, à laquelle se réfèrent les ODD 12 et 13

31 Corak M., « Income inequality, equality of opportunity, and intergenerational mobility », *Journal of Economic Perspectives*, vol. 27, n° 3 (juin 2013), pages 79 à 102, ici pages 81-82.

32 Krishna A., "Stuck in Place: Investigating social mobility in 14 Bengalore slums", *Journal of Development Studies*, vol. 49(7), pp. 1010-1028.

33 Quisumbing A. R., "Poverty Transitions, Shocks, and Consumption in Rural Bangladesh: Preliminary Results from a Longitudinal Household Survey", CPRC Working Paper 105 (Manchester, Chronic Poverty Research Centre, 2007).

34 Perlman J., *Favela: Four Decades of Living on the Edge in Rio de Janeiro* (Oxford: Oxford Univ. Press, 2011).

35 Bossuroy T. et Cogneau D., « Social mobility in five African countries », *The Review of Income and Wealth*, vol. 59, n° S1 (octobre 2013), pp. 84-110.

36 Programme des Nations Unies pour le développement, *Rapport sur le développement humain* (New York, 2019), p. 74.

portant respectivement sur la consommation et la production responsables et sur l'action climatique. En effet, plus la distribution des revenus est inégale, plus il sera nécessaire d'accroître la richesse monétaire disponible à l'échelle de la collectivité pour lutter contre la pauvreté, dès lors que cette croissance ne bénéficiera pas principalement aux personnes en pauvreté[37]. À l'inverse, plus la richesse créée est répartie équitablement entre les populations, plus la croissance économique sera mise au service des objectifs de réduction de la pauvreté et plus les avantages d'une prospérité accrue se répercutent sur les plus démunis de la société : dans une société qui réduit les écarts de revenus, il faudra moins de croissance pour satisfaire les besoins fondamentaux de tous.

Ce point est essentiel, car la croissance économique (mesurée par l'augmentation du produit intérieur brut par habitant) entraîne mécaniquement une augmentation de l'empreinte écologique, compte tenu à la fois de la ponction sur les ressources et de la production de déchets, y compris les émissions de gaz à effet de serre, que la croissance entraîne. Le découplage « relatif » de la croissance par rapport à la dégradation de l'environnement est bien sûr courant, à mesure que la croissance devient moins gourmande en ressources et en carbone et qu'une plus grande partie des déchets est recyclée ; en revanche, le découplage « absolu », qui désigne un processus de croissance où les gains d'efficacité augmentent plus vite que la production totale, ne se produit qu'exceptionnellement[38].

L'évolution de la structure des émissions de gaz à effet de serre confirme le risque que comporterait une stratégie consistant à miser sur le découplage « absolu ». À l'exception de rares périodes de ralentissement économique, la réduction des volumes de ces émissions dans certaines juridictions s'explique par la comptabilisation strictement territoriale des émissions, qui tient compte de ce qui est produit et consommé sur le territoire, mais non des émissions incorporées dans les biens ou services importés de l'étranger. De fait, les rares exemples parfois vantés d'un découplage absolu de la croissance et des émissions tiennent à la méthode de comptabilisation utilisée dans le cadre de la Convention-cadre des Nations Unies sur les changements climatiques :

37 La « juste transition » dans la relance économique : éliminer la pauvreté dans les limites des ressources de la planète. Rapport du Rapporteur spécial sur les droits de l'homme et l'extrême pauvreté (A/75/181, 20 juillet 2020, para. 44).

38 Voy. Wiedmann T., et al., «Scientists' warning on affluence», *Nature Communications* 11(1) (2020), p. 3107, DOI: 10.1038/s41467-020-16941-y; ou Hickel J. et Kallis G., «Is Green Growth Possible?», *New Political Economy* (2019), DOI: 10.1080/13563467.2019.1598964 (mettant en doute l'idée qu'une «croissance verte» constitue une stratégie réaliste à l'échelle mondiale, et invitant à la recherche d'autres modèles de développement). L'idée selon laquelle la croissance économique serait compatible avec le respect des limites planétaires trouve sa forme la plus caricaturale dans l'hypothèse d'une «courbe de Kuznets environnementale», postulant que le développement passe nécessairement par une phase fortement polluante et gourmande en ressources, pour ensuite entrer dans une phase où la croissance va de pair avec une réduction de l'empreinte écologique: cette idée a été largement décrédibilisée aujourd'hui (voy. Dasgupta S., et al., "Confronting the environmental Kuznets curve", *Journal of Economic Perspectives*, vol. 16 (1)(2002), 147–168).

les gains apparents dans les juridictions à revenu élevé ont été associés à l'externalisation de la pollution vers d'autres pays (généralement des pays riches en ressources et des pays pauvres), et les émissions « importées » ne sont pas prises en compte[39].

La réduction des inégalités est également essentielle à la recherche d'un modèle de développement qui aille vers une société bas-carbone et réduisant la perte de biodiversité, car les sociétés plus égalitaires utilisent les ressources de manière plus efficiente. L'allocation des ressources par le biais des mécanismes du marché sert à satisfaire la demande, exprimée par le pouvoir d'achat des couches les plus riches de la population, plutôt qu'à répondre aux besoins des plus pauvres. En conséquence, les désirs frivoles des plus riches, aussi peu soutenables soient-ils, peuvent prendre le pas sur la satisfaction des besoins fondamentaux des moins riches. C'est ce à quoi fait référence la notion d'un « coût environnemental de l'inégalité[40] »: au niveau mondial, les 10 % d'émetteurs les plus importants contribuent à environ 45 % des émissions mondiales de dioxyde de carbone, tandis que les 50 % d'émetteurs les moins importants contribuent à 13 % des émissions mondiales[41].

La lutte contre les inégalités est importante, enfin, pour des raisons d'économie politique. Les inégalités ont atteint un niveau tel, depuis qu'elles ont commencé à augmenter au début des années 1980 dans la plupart des régions du monde, qu'un cercle vicieux émerge : les élites économiques parviennent à traduire leur position économiquement dominante en influence politique, ce qui leur permet de renforcer leur situation de rente par la captation du pouvoir d'État, faisant obstacle à ce que celui-ci vienne compenser les inégalités produites par le marché et opère la transformation écologique que la situation appelle[42]. Les politiques visant à réduire l'empreinte écologique ne peuvent réussir, d'ailleurs, que si elles sont perçues comme

---

39 Voir De Schutter O., *Trade in the Service of Sustainable Development* (Londres, Hart Publishing, 2016) ; Jackson T., *Prosperity Without Growth : Foundations for the Economy of Tomorrow* (Londres, Routledge, 2017), chap. 5. Par ailleurs, l'écoulement de déchets toxiques en provenance des pays riches dans les pays en développement suscite depuis longtemps des inquiétudes, notamment au sein du Conseil des Droits de l'Homme: voy. à cet égard les Lignes directrices sur les bonnes pratiques relatives aux obligations en matière de droits de l'homme liées à la gestion et à l'élimination écologiquement rationnelles des produits et déchets dangereux, présentées par le Rapporteur spécial sur les incidences sur les droits de l'homme de la gestion et de l'élimination écologiquement rationnelles des produits et déchets dangereux (A/HRC/36/41, 20 juillet 2017).

40 Boyce J. K., "The environmental cost of inequality", *Scientific American*, vol. 319, n° 5 (novembre 2018). Voir également Lara Cushing et al., "The haves, the have-nots, and the health of everyone: the relationship between social inequality and environmental quality", *Annual Review of Public Health*, vol. 36 (mars 2015).

41 Groupe indépendant de scientifiques nommés par le Secrétaire général, *The Future is Now: Science for Achieving Sustainable Development – Global Sustainable Development Report 2019*, p. 17 (référant à Chancel L. et Piketty T., *Carbon and Inequality: From Tokyo to Paris* (Ecole d'économie de Paris, novembre 2015)).

42 Stiglitz J., *The Price of Inequality: How Today's Divide Society Endangers Our Future*, (New York: Norton, 2012); Rapport du Rapporteur spécial sur les droits de l'homme et l'extrême pauvreté, Philip Alston, à la vingt-neuvième session du Conseil des Droits de l'Homme (A/HRC/29/31 (27 mai 2015)), paras. 18-21; Conférence des Nations Unies sur le commerce et le développement (CNUCED), *Beyond austerity: Towards a global new deal. Trade and Development Report 2017* (Genève, 2017), p. 217.

légitimes par la population et si elles ne sont pas entravées par les élites qui profitent le plus des schémas de distribution existants. Les sociétés plus égalitaires sont donc mieux équipées pour conduire des changements transformationnels, à la fois parce que, dans ces sociétés, le veto des élites économiques joue un rôle moins important, grâce à une meilleure participation des groupes à faibles revenus à la vie civique et politique[43], et parce que ces sociétés peuvent développer l'« éthique publique » nécessaire pour relever ces défis à l'échelle de la société[44].

Conclusion

Des sociétés ayant une répartition des revenus plus égalitaire (conformément à l'ambition affichée par l'ODD 10) et garantissant le respect des droits économiques, sociaux et culturels pour l'ensemble de ses membres sont à la fois mieux outillées pour mettre la croissance économique au service de la réduction de la pauvreté, et pour réduire leur empreinte écologique. Ces deux objectifs, que traduisent les ODD 1, 12 et 13 respectivement, ne sont nullement contradictoires. Il ne s'agit pas, en effet, de nier le rôle positif que peut jouer la croissance, comprise comme augmentation de la richesse disponible au sein d'une société donnée. Il s'agit plutôt de souligner que le *contenu* de la croissance doit changer, afin que celle-ci s'inscrive dans un modèle de développement différent du modèle extractif dominant, et soit à la fois plus inclusif et plus respectueux des limites planétaires : il s'agit non pas d'opposer à la croissance poursuivie jusqu'à présent une « décroissance » réduisant les possibilités d'améliorer le bien-être de la population, mais plutôt de proposer un autre type de croissance, très différent de celui sur lequel nous avons pris appui jusqu'à présent. La lutte contre les inégalités, articulée à une approche fondée sur les droits humains, a un rôle essentiel à jouer dans la poursuite de ce modèle.

À l'idée que le développement doit poursuivre prioritairement la croissance du revenu monétaire, en dépit des dommages écologiques et de l'augmentation des inégalités qui résultent de la forme de croissance qui a dominé jusqu'ici, les ODD et les droits humains proposent un contre-récit. Ils sont comme le mât auquel Ulysse demande à être attaché, afin de lui permettre de résister au chant des sirènes : ils forcent à garder le cap, plutôt qu'à poursuivre dans la voie d'une croissance extractive et non soutenable, que cela soit pour les populations ou pour les écosystèmes. Et les mécanismes de protection des droits humains – les juridictions, les institutions nationales des droits humains, les comités d'experts, les procédures spéciales que le Conseil des

43 Rothstein B. et Uslaner E. M., "All for all: equality, corruption, and social trust", *World Politics*, vol. 58, n° 1 (octobre 2005), pp. 41-72; Eric M. Uslaner et Mitchell Brown, "Inequality, trust, and civic engagement", *American Politics Research*, vol. 33, n° 6(2005), pp. 868-894.

44 Wilkinson R. G. et Pickett K., *The Spirit Level: Why Greater Equality Makes Societies Stronger* (New York, Bloomsbury Press, 2009), p. 233.

Droits de l'Homme a instituées – sont comme les marins qui accompagnaient Ulysse dans son retour à Ithaque et qui l'ont ligoté à son mât : ils permettent à l'État de poursuivre une trajectoire de développement soutenable, sans céder à la facilité des solutions de court terme ou à la paresse des dépendances de sentier.

CHAPITRE 4

Travail : démocratiser, démarchandiser et dépolluer

Isabelle Ferreras

Au cours du siècle dernier, des principes fondamentaux, au départ politiquement impossibles, se sont lentement imposés à force de crises et de drames jusqu'à être consacrés dans les Traités internationaux. « Attendu qu'une paix universelle et durable ne peut être fondée que sur la base de la justice sociale ; [...] » ; ainsi débute le préambule de la constitution de l'Organisation internationale du travail (OIT), fondée en 1919 en marge du Traité de Versailles. Il traduisait ce que les sociétés avaient appris d'une période de violence – la Première Guerre mondiale – qui s'était soldée par la mort de 20 millions de personnes.

En mai 1944, au sortir d'une nouvelle guerre qui coûta la vie à plus de 60 millions de personnes dont 6 millions de membres de la communauté juive, la conférence générale de l'OIT ressentit le besoin de préciser ses principes. La Déclaration de Philadelphie[1] du 10 mai 1944 s'ouvre ainsi sur l'affirmation explicite du fait que « le travail n'est pas une marchandise ». En décembre 1948, les 58 États membres qui constituaient alors l'Assemblée générale des Nations unies adoptèrent la Déclaration universelle des droits humains qui inscrit dans son Article 1 le principe suivant : « Tous les êtres humains naissent libres et égaux en dignité et en droits. »

Dans de nombreux pays occidentaux, c'est l'époque où les femmes se voient octroyer le droit de vote en reconnaissance de leur apport essentiel à la résilience de la société durant la guerre. La contribution des travailleurs et travailleuses ayant elle aussi été jugée essentielle, les bases institutionnelles d'une citoyenneté vécue jusque dans l'entreprise (souvent appelée « citoyenneté industrielle ») ont alors été posées dans de nombreux pays européens. La représentation des travailleurs est institutionnalisée via les conseils d'entreprise et, en Allemagne, le principe de la codétermination apparaît dans le secteur du charbon et de l'acier. Ce principe imposait un nombre égal de représentants des travailleurs et travailleuses et des apporteurs de capital au sein du conseil de surveillance devant gouverner l'entreprise.

1 Voir également l'hommage rendu à ce texte fondamental par Alain Supiot, *L'esprit de Philadelphie. La justice sociale face au marché total*, Seuil, 2010.

Déjà, le lien entre justice sociale et justice écologique était noué. Le premier Sommet de la terre organisé par les Nations Unies en juin 1972 confirma cette orientation en posant comme principe premier de la Déclaration de Stockholm « le devoir [des êtres humains] de protéger et d'améliorer l'environnement pour les générations actuelles et futures ». La phrase suivante explique : « De ce fait, les politiques qui encouragent le racisme, l'apartheid, la discrimination, les formes coloniales et autres oppression et domination étrangères doivent être éliminées après condamnation. » En juin 1992, la Déclaration de Rio précise ces intentions par un préambule qui affirme : « Reconnaissant que la Terre, foyer de l'humanité, constitue un tout marqué par l'interdépendance, la Déclaration proclame » en son Article 1 que « les êtres humains sont au centre des préoccupations relatives au développement durable. Ils ont droit à une vie saine et productive en harmonie avec la nature. »

Qu'avons-nous fait de nos principes ?

Au début de l'année 2020, les mesures de confinement prises par les États pour tenter d'endiguer la pandémie de Covid-19 déclenchent une crise économique sans précédent. Le virus a tué de manière disproportionnée les personnes âgées et celles occupant les emplois les plus précaires et les moins bien rémunérés, notamment dans les services où les femmes et les personnes racisées sont surreprésentées[2]. Le lourd tribut payé par les communautés afro-américaine, indienne et latino aux États-Unis en est l'une des plus révoltantes illustrations.

La crise du coronavirus révèle également combien nous avons mis en danger notre écosystème en le déstabilisant de toutes parts. Les dirigeants des institutions mondiales de la santé ont affirmé en juin 2020 que l'activité humaine était responsable de la transmission de maladies telles que le Covid-19 à l'humain : « La nature est en train de décliner à une vitesse que nous n'avons jamais connue dans l'histoire humaine [...]. Nous devons reconnaître que la façon dont nous produisons et consommons actuellement les aliments, et notre mépris flagrant pour l'environnement en général, a poussé le monde naturel à ses limites[3]. »

En mai et juin 2020, le slogan *No justice, no peace* a été scandé dans les rues de Minneapolis puis dans de très nombreuses villes partout sur la planète. Les manifestants du mouvement *Black Lives Matter*, réunis pour défendre les libertés publiques et

---

2 Méda D., « Les plus forts taux de surmortalité concernent les travailleurs essentiels », *Le Monde*, 23 mai 2020.

3 Rosenberg L., « World health leaders: "Human activity to blame for diseases like COVID-19" », The World economic forum covid 19 action Platform, 23 juin 2020 (notre traduction). Disponible en ligne. Voir aussi la tribune que les dirigeant·e·s des Nations unies, de l'Organisation mondiale de la santé et de WWF International ont fait paraître dans *The Guardian* le 17 juin 2020. Sur la notion de limites planétaires, voir l'article de référence de W. Steffen *et alii* « Planetary boundaries : guiding human development on a changing planet. *Science*, *347*(6223), 2015 repris et complété par l'idée de normes sociales développée par Kate Raworth (*Doughnut economics : seven ways to think like a 21st-century economist* Chelsea Green Publishing, 2017).

masqués pour respecter les normes sanitaires, se sont indignés du n-ième décès d'un homme noir sous le genou d'un policier blanc. *Si vis pacem, cole justitiam* (« si tu veux la paix, cultive la justice ») affirme depuis plus d'un siècle la devise de l'OIT. Cette nouvelle crise nous permettra-t-elle de la faire nôtre ?

Dans des moments tragiques où elles ont été capables de s'élever à la hauteur des événements, nos sociétés ont identifié des principes à tirer des cendres de la violence qu'elles avaient elles-mêmes produites. Ces principes universels se sont écrits grâce à l'optimisme de la volonté, grâce à la lueur de sagesse et de lucidité dont firent preuve des hommes et des femmes aux heures graves de l'histoire. De nombreux travaux scientifiques viennent les étayer.

Alors que faire ? La nécessaire reconnaissance des investisseurs en travail

Il est donc l'heure de donner à ces principes une actualité nouvelle. Il importe de mettre fin à l'instrumentalisation du vivant, humain et non-humain, c'est-à-dire d'abolir la possibilité qu'il soit traité comme une marchandise échangée sur un marché. Cette crise nous a permis d'acter le fait que deux institutions surdéterminent le sort réservé à l'être humain au travail et à la planète Terre : ce que les économistes appellent le « marché du travail »[4] et l'entreprise. Animées par une logique extractive, ces deux institutions structurent la vie des travailleurs et travailleuses et nuisent à l'égalité *en dignité et en droits* que chacun et chacune peuvent légitimement attendre. Il est urgent d'en sortir.

Faire preuve du minimum de justice revient à ne jamais considérer autrui comme une marchandise. Au contraire, le projet démocratique consiste à traduire en actes le principe de l'égalité de tout être humain *en dignité et en droits,* dans tous les champs sociaux[5]. L'enjeu est de rendre les humains capables d'être libres, c'est-à-dire autonomes, capables de peser sur le choix des normes auxquelles ils se soumettent tant au plan individuel que collectif. Cette tentative est toujours perfectible, les moyens mis en œuvre sont toujours susceptibles d'être améliorés au vu des conditions matérielles et des défis circonstanciels changeants. Mais l'essentiel est là, pour éviter l'aliénation qui fait « devenir étranger à soi-même » comme l'écrivait Marx. Et la planète Terre ? Alors qu'elle est traitée comme simple marchandise et réduite à l'état d'égout, il faut aussi la rendre à elle-même, en faisant en sorte qu'elle soit capable de se régénérer.

Le travail n'est pas une marchandise, c'est une expérience de vie, c'est une partie de notre vie humaine. C'est un investissement de la part de celle ou celui qui travaille.

4 Les guillemets visent à garder à l'esprit le fait que l'expression est problématique car précisément fondée sur la transformation de l'être humain en marchandise contre laquelle nous nous érigeons.

5 Pour en savoir plus sur cette perspective, voir les travaux d'Erik Olin Wright qui pensait le projet démocratique dans une perspective dynamique comme approfondissement et extension du principe d'égalité.

Pas un investissement dans le sens des discours économicistes, une quantité instrumentalisée au service de finalités extérieures, décidées par un tiers ; l'expérience de travail est un investissement dans le sens où la personne qui travaille investit son intelligence dans sa fonction, ses émotions et le soin qu'elle ou il accorde à ses collègues ou à autrui au travers de la mission qui lui est confiée. Que celle-ci soit modeste ou socialement valorisée, qu'il s'agisse du travail d'un surveillant, d'un livreur, d'une institutrice, d'une caissière, d'une infirmière, d'un avocat, d'un médecin ou d'un informaticien. Cette personne investit jusqu'à sa santé mentale et physique. En période de pandémie, nous l'avons tous et toutes constaté : elle y risque même sa vie[6].

Pourtant, malgré cet investissement indéniable et reconnu comme *essentiel* y compris dans le cas de travailleurs et travailleuses auparavant invisibles, car occupant des fonctions subalternes, leur liberté et leur égalité en droit ne sont toujours pas reconnus au travail. Car seules les personnes qui apportent du capital gouvernent leur organisation. Et ce, alors même qu'elles n'ont qu'une « responsabilité limitée » puisque le seul risque qu'elles encourent est de perdre la somme investie, pendant que les personnes qui investissent en travail y risquent un déclassement professionnel et social (en cas de chômage), mais aussi leur santé émotionnelle, mentale et physique si elles travaillent dans de mauvaises conditions. Elles risquent tout ! C'est certainement pour ces personnes aussi que le mot « investir » prend tout son sens. Des voix commencent à reconnaître que le risque encouru par les investisseurs et investisseuses en travail dans l'entreprise est sérieux et que leur « retour sur investissement » n'est pas équitable par rapport à celui des apporteurs de capitaux[7].

Faire entrer l'entreprise dans l'histoire démocratique

Une entreprise capitaliste est fondée sur deux parties qui la constituent, apporteurs de capital et investisseurs en travail[8]. Les travailleurs et travailleuses forment, par leur investissement en travail dans l'entreprise, la partie constituante oubliée de l'entreprise, qu'ils bénéficient ou non du statut d'employé. Le plus souvent au travers du véhicule juridique de la société anonyme, les apporteurs en capital ont pris le contrôle du gouvernement de l'entreprise[9]. Dans l'économie dite informelle comme dans

6 Voir en particulier la situation dramatique des travailleurs du secteur de la transformation de la viande.

7 Voir Arthus P. etVirard M.-P., *Et si les salariés se révoltaient ?*, Fayard, 2018 ; Saez E. et Zucman G., *Le Triomphe de l'injustice. Richesse, évasion fiscale et démocratie*, Le Seuil, 2020.

8 Pour en savoir plus sur cette description de l'entreprise fondée sur ces deux parties « constituantes », sur le travail comme expérience politique qui mobilise les conceptions sur la justice et la notion d'investissement en travail, voir Isabelle Ferreras, 2007, *Critique politique du travail. Travailler à l'heure de la société des services*, Paris : Presses de Sciences Po ; *2012, Gouverner le capitalisme ? Pour le bicamérisme* économique, Paris : Presses universitaires de France ; 2017, *Firms as Political Entities. Saving Democracy through Economic Bicameralism*, Cambridge: Cambridge Univesity Press.

9 Voir les travaux de Jean-Philippe Robé sur la distinction à faire, et faite en droit, entre entreprise et société (anonyme).

l'économie de plateforme, les stratégies visant à laisser au règne de l'informel la relation d'emploi permet même à l'apporteur de capital d'échapper à ses responsabilités minimales d'employeur[10]. Toute démocratisation dans le règne de l'économie informelle est forcément impossible.

Avec l'invention de la négociation collective, au tournant du XIXe et du XXe siècles, les luttes sociales produisent une innovation institutionnelle radicale qui rend possible l'idée de démarchandisation et de démocratisation du travail[11]. En reconnaissant aux travailleurs et travailleuses le droit de se donner une voix collective qui les représente, via des organisations syndicales indépendantes de l'employeur, ce droit permet de sortir du rapport inter-individuel, dans lequel la plupart des personnes qui travaillent seront, seules, dispersées, réduites à vendre leur force de travail individuelle, toujours perdantes face à l'employeur. Pour acquérir la capacité d'être, à titre individuel, égal en dignité et en droits, elle doit passer par l'organisation et la négociation collective qui en est la condition nécessaire. Ce droit est consacré par la Déclaration de Philadelphie de 1944 qui reconnaît « l'obligation solennelle pour l'Organisation internationale du Travail de seconder la mise en œuvre, parmi les différentes nations du monde, de programmes propres à réaliser [...] la reconnaissance effective du droit de négociation collective ».

C'est à une nouvelle architecture démocratique des relations collectives de travail que cette innovation invitait et qu'il nous faut poursuivre. Du niveau mondial jusque dans chaque entreprise, la voie de la démarchandisation et de la démocratisation du travail ouverte par l'invention de la négociation collective n'attend que d'être approfondie. Fondée sur l'idée de solidarité entre travailleurs, elle invite à laisser la priorité à la négociation collective au niveau de l'économie globale, puis de l'économie régionale ou nationale, du secteur ou de la branche d'activité, et enfin de l'entreprise. Concrètement, cela signifie qu'une entreprise ne devrait pas pouvoir négocier des conditions d'emploi ou de travail moins favorables pour ses travailleurs et travailleuses que les normes négociées au niveau sectoriel et au niveau national ou international. Le résultat est immédiat du point de vue de la démarchandisation : de la sorte, on encouragera une économie dans laquelle les conditions d'emploi et de travail seront négociées en vue de leur amélioration et une économie dans laquelle les entreprises ne pourront pas jouer sur la concurrence à la baisse sur les niveaux de salaire ni sur les conditions de travail. Les entreprises ne pourront pas rester dans une logique extractive vis-à-vis des êtres humains, car le « prix » minimum du travail sera le même dans tout le secteur, mais devront développer une stratégie visant la qualité de leurs

10 C'est ce que j'ai appelé la *Reductio ad corporationem*. Voir (Ferreras 2017).

11 Beatrice et Sindey Webb observant l'action des ouvriers anglais au tournant du XIXe et XXe ont été les premiers théoriciens de la radicale innovation et de la portée démocratique de l'invention que représente la négociation collective.

services et de leurs produits ; elles chercheront à se distinguer sur leur capacité d'innovation, sur la qualité du travail et de l'expérience de travail qu'elles permettent à leurs investisseurs en travail de développer, plutôt que de toujours chercher à tirer les coûts du travail vers le bas[12].

Les possibilités de négociation « à la baisse », la course au moins-disant en matière sociale doivent être éteintes, notamment en intégrant dans la négociation collective par secteur tous les travailleurs et travailleuses concernés, dans une perspective transnationale de chaîne de valeur. Il faudra aller jusqu'à remembrer les entreprises dont les « fournisseurs » ressemblent comme deux gouttes d'eau à leurs propres départements de production. L'enjeu est bien que ces investisseurs et investisseuses en travail soient reconnus comme des travailleurs et travailleuses à part entière de l'entreprise transnationale concernée.

Beaucoup l'ont dit dans cette crise, il va falloir aplatir la courbe des rémunérations. Mais la justice distributive ne suffira pas. Il faut de la justice démocratique interne à l'entreprise. Elle offrira d'ailleurs, avec une réforme progressiste de la fiscalité, une réponse enfin solide au défi de la justice distributive : les richesses inégalement réparties actuellement, entre les plus riches et les plus pauvres dans la même entreprise, au sein et entre pays, seront bien mieux réparties dans des entreprises démocratisées qui intègrent dans le périmètre de leur gouvernement tous les investisseurs en travail qui la constituent, de l'ouvrier qui coud le vêtement (généralement dans un pays du Sud), à la caissière du magasin de la marque (opérant sans doute sous franchise), en passant par le designer (généralement dans une métropole d'un pays du Nord).

Il est aujourd'hui vital que nous offrions aux travailleurs et travailleuses, en particulier celles et ceux qui se sont montrés essentiels dans cette période de pandémie, la reconnaissance de la société dans son ensemble et de leur entreprise en particulier. Les personnes confinées qui ont fait l'impossible, à distance, malgré les enfants confinés avec elles, pour porter les missions de leur organisation n'en ont pas moins démontré leur apport. Cette reconnaissance doit aller au-delà des annonces déployées sur les réseaux sociaux par des départements de communication interne plus ou moins bien inspirés : elle implique un approfondissement de notre conception de la citoyenneté. L'exercice de la citoyenneté dans l'entreprise, être un égal en dignité et en droits, passe par la reconnaissance de droits politiques aux investisseurs en travail.

Les entreprises sont des entités politiques qui nécessitent les contributions des apporteurs en capital et des investisseurs en travail, ses deux parties constituantes. Les investisseurs en travail sont aujourd'hui toujours exclus du gouvernement de l'entreprise alors que, sans les travailleurs et travailleuses, il n'y a tout simplement pas d'en-

12 Voir la perspective d'une "*high road economy*" développée par Joel Rogers, voir Erik Olin Wright et Joel Rogers, *American Society: How It Really Works*, W.W.Norton, 2015.

treprise. Dès lors, les investisseurs en travail doivent être amenés à peser sur le gouvernement de l'entreprise, en bénéficiant d'au moins autant de droits que ceux dont jouissent les apporteurs en capital. Pour démocratiser le travail, il convient donc d'injecter le principe de la négociation collective jusqu'au cœur même de l'entreprise, en permettant aux investisseurs en travail d'exercer une voix collective sur les finalités de l'entreprise commune. Quel service rendu ? Quel produit développé ? Au service de qui ? Avec quels moyens ? Quelle juste répartition des efforts fournis ?

Les investisseurs en travail doivent pouvoir choisir leurs représentants afin de ne plus être traités comme des instruments qu'ils ne sont pas, mais au contraire de peser sur la stratégie de l'entreprise. Le canal institutionnel permettant l'expression collective de la voie des investisseurs en travail existe déjà dans nombre de pays européens : il s'agit du Conseil d'entreprise, qui réunit les représentants des travailleurs élus, dans la plupart des pays, sur les listes syndicales. À côté du Conseil d'administration, ce Conseil représente l'embryon d'une seconde chambre constitutive d'un Parlement à deux chambres. Concrètement, la seconde chambre doit être amenée, dans la hiérarchie des normes internes à l'entreprise, au même niveau que celui occupé par le Conseil d'administration. Un mécanisme de double majorité, une majorité dans chacun de ces conseils, doit être requise pour valider le choix du PDG et la stratégie de l'entreprise, sa politique de rémunération et la répartition des profits. Le principe de philosophie politique sous-jacent nous vient de l'histoire du bicamérisme politique qui a permis d'amorcer la démocratisation des entités politiques soumises au despotisme d'une de leurs parties constituantes : il s'agit d'un principe de codécision, c'est-à-dire un principe de double majorité[13].

Le principe philosophique d'une double majorité requise parmi les représentants des apporteurs en capital et ceux des investisseurs en travail qui constituent l'entreprise peut se traduire – au niveau organisationnel – de différentes manières : seconde chambre ou majorité spéciale au sein du collège des représentants choisis par les travailleurs et travailleuses membres d'un unique Conseil d'administration ou Conseil de surveillance. Au-delà de la variété des traductions institutionnelles possibles, le principe philosophique est que celles et ceux qui investissent leur travail dans l'entreprise, leur santé, en bref leur vie, doivent aussi pouvoir collectivement valider ces décisions. Reconnaître le caractère essentiel des investisseurs en travail mène logiquement à ce constat : il convient qu'ils détiennent le pouvoir de valider collectivement, ou, le cas échéant, de s'opposer collectivement, aux décisions stratégiques de l'entreprise ; aujourd'hui, cette faculté est toujours détenue par les seuls représentants des apporteurs de capitaux via le Conseil d'administration.

---

13 On peut considérer ce principe comme un approfondissement de la cogestion (ou codétermination) allemande, bien qu'il soit un mécanisme beaucoup plus exigeant.

Ce droit de veto collectif exercé par les travailleurs et travailleuses représente une traduction institutionnelle de ce que, dans l'histoire syndicale, certains ont appelé le « contrôle ouvrier ». Il représente une proposition transitoire, qui permet d'avancer sérieusement vers une démocratisation complète de l'entreprise, grâce au rachat possible de leurs actions aux apporteurs en capital par les investisseurs en travail, et ainsi d'envisager l'extension du modèle démocratique des coopératives à l'ensemble de l'économie. Les États démocratiques doivent s'assurer qu'un secteur financier, adapté à ces viviers d'entreprises démocratisées, pourra les accompagner dans leur développement. Les plans ESOP (*Employee Stock Ownership Plan*) aux États-Unis rendent crédible cette opération autant qu'ils révèlent la limite des stratégies de démocratisation basées sur la propriété. En effet, le mécanisme de la double majorité ou du double droit de veto collectif dont il est question ici se distingue d'une stratégie fondée sur l'accès à la propriété. Pour que les investisseurs en travail puissent peser collectivement sur leur entreprise, nul besoin d'en passer par un apport en capital pour légitimer ce droit[14].

Cependant, une fois que les travailleurs et travailleuses et leurs représentants auront appris à gouverner l'entreprise, ils pourraient, par la création d'un *trust* gouverné collectivement par les travailleurs et travailleuses de l'entreprise, racheter leurs parts aux apporteurs de capital et détenir la propriété collective de l'entreprise. On ouvrirait ainsi la voie à des entreprises démocratiques, que ce soit par des formules d'organisations hybrides[15], d'autogestion, de coopératives, de « communs », ou d'autres formules encore, où l'apport en capital n'est plus lié à l'octroi de droits politiques mais se limite à une dette à rembourser collectivement. Ainsi, on fera enfin entrer les entreprises dans l'histoire démocratique. Inscrites de manière solide dans les normes démocratiques, ces entreprises développeront alors un rapport à l'État et aux pouvoirs publics beaucoup plus constructif et orienté par une conception du bien commun co-construite, plutôt que, comme c'est le cas actuellement, de chercher à éviter ou à miner la puissance publique démocratique et les normes destinées à les encadrer.

Les organisations syndicales fondées sur la reconnaissance du pluralisme et l'exercice de la démocratie interne constituent le meilleur moyen de coordonner les travailleurs et travailleuses élus. Elles sont dépositaires d'un enjeu crucial : la capacité d'assurer la

14 C'est précisément l'enjeu de la quête de démocratisation de déconnecter la jouissance des droits politiques de la possession d'avoirs fonciers – les *Lords* britanniques – ou financiers – les *actionnaires* de la société. Nous avons avancé, dans le champ politique, sur ce curseur de la déconnexion (Piketty T., *Capital et Idéologie*, Le Seuil, 2019), mais des retours en arrière sont en cours (Cagé J., *Le prix de la démocratie*, Fayard, 2018). D'un point de vue opérationnel, l'avancée du projet démocratique, doit être lu à l'aune de notre capacité à déconnecter droit politique et propriété, dans le champ politique ET dans le champ économique.

15 Sur les organisations hybrides, voir J. Battilana, « La poursuite conjointe d'objectifs sociaux et financiers dans les entreprises. L'entreprise sociale comme laboratoire d'étude des modes d'organisation hybrides. » *Entreprise & société* 2, n° 4, 2019, pp. 53-94.

« solidarité trans-entreprise », comme disait Georges Friedmann, le père de la sociologie du travail française, c'est-à-dire la solidarité entre travailleurs dispersés entre les entreprises. Elles seules peuvent veiller à ce que plus de droits dans l'entreprise ne rime pas avec patriotisme d'entreprise ni concurrence entre travailleurs d'entreprises différentes. Il faut reconnaître que, souvent, les tentatives que l'on a regroupées sous le terme de « responsabilité sociale de l'entreprise » (RSE) ont participé ces trente dernières années à diluer le pouvoir constituant des travailleurs et travailleuses en les noyant dans un océan de parties prenantes, toutes plus ou moins impactées par l'action de l'entreprise[16]. Il en a résulté une affirmation toujours plus grande de la primauté de l'actionnaire, sans réflexion sur la place particulière des travailleurs dans l'entreprise. Le principe philosophique de la double majorité offre au contraire une voie pour l'approfondissement de la démocratisation interne aux entreprises. Pour autant que l'on veille à ce que les organisations syndicales jouent leur rôle de représentation et de solidarité entre entreprises, entre secteurs de l'économie et entre pays, comme c'est le cas au sein des conseils d'entreprise européens, le visage de l'économie nationale et transnationale et de nos démocraties se trouvera radicalement transformé.

Sortir du marché du travail-marchandise

Le fait que nous parlions de « marché du travail » pour désigner les conditions de circulation des personnes au sein du champ économique entérine le principe de la réduction du travail à la marchandise. C'est un concept économique et non sociologique. Tel qu'il est structuré aujourd'hui, cet espace de circulation pour certains et d'immobilité pour les autres (chômeurs, personnes discriminées, racisées, etc.) est une institution qui contrevient donc au premier principe de la Déclaration de Philadelphie qui affirme que « le travail n'est pas une marchandise ». Pour sortir de cet état de fait, il faut transformer le dit « marché du travail » de manière si profonde qu'il correspondra, qualitativement, à une tout autre réalité. Mais avant d'accomplir cette

16 La RSE est une proposition de responsabilisation des entreprises qui se soucie de l'action de l'entreprise au travers de ses différents publics impactés. Elle est fondée sur une théorie des parties prenantes concernées par l'action de l'entreprise (travailleurs, fournisseurs, collectivités locales, etc.). La *US Business Roundtable* a déclaré à l'été 2019 se rallier à cette théorie, après 40 années d'adhésion à la primauté actionnariale (*shareholder primacy*), promue par le courant de Milton Friedman. Sur l'insuffisance d'une telle évolution, voir Ferreras Isabelle, 2019, "Shareholders vs Stakeholders. Lumping workers in with other stakeholders is a euphemism that obscures the reality." Boston Review, October.
Comme écrit plus tôt dans ce texte, en affirmant comme dans le Manifeste que les investisseurs en travail sont la partie constituante exclue du gouvernement de l'entreprise, nous développons au contraire une théorie de l'entreprise fondée sur ses parties constituantes dont la Codétermination allemande est un moment fondateur, à poursuivre logiquement au travers du principe de double majorité. Voir (Ferreras 2012, 2017) op.cit. Sur la différence entre ces théories, voir également Clerc, C. (2019) Structure et diversité des modèles de gouvernement d'entreprise - Rapport pour l'Organisation internationale du travail (Report for ILO on Models of Corporate Governance (Vol. 1): Structure and Diversity of Corporate Governance Models). Available at SSRN: https://ssrn.com/abstract=3515477 or http://dx.doi.org/10.2139/ssrn.3515477

réforme radicale, il faut le souligner d'emblée, la puissance publique doit assurer à tous et toutes les biens premiers qui permettent une vie décente. C'est le principe d'une « sécurité sociale » garantie à toutes et tous. Nous le constatons avec cette pandémie, un accès garanti à des soins de santé de qualité se révèle aujourd'hui un facteur-clé pour l'avenir de nos sociétés. Marchandiser les soins de santé et les lier au fait d'être employé, comme c'est le cas aux États-Unis par exemple, se révèle être une modalité d'organisation injuste et un choix dramatique pour le futur de la société.

Le marché n'a rien de naturel, les sociologues l'ont suffisamment montré, c'est un ensemble de normes construites et garanties par l'État, c'est-à-dire par nous-mêmes... Il faut donc anéantir la possibilité que ce « marché du travail » serve à nourrir la concurrence des plus faibles entre eux dans une infernale course au moins-disant, tirant vers le bas les conditions d'emploi et de travail de l'ensemble. *A minima*, il importe de garantir un plancher de protection si haut qu'il transformera entièrement le « marché du travail ». Alors, et alors seulement, le marché deviendra un espace de libre circulation et de coordination entre des personnes dont les talents rencontrent des projets qui en ont besoin.

Ce plancher nécessaire pour garantir l'article 23 de la Déclaration universelle des droits humains et la dignité des travailleurs peut être assuré par le projet d'une garantie d'emploi pour toutes et tous[17]. Il s'agit de garantir à tous ceux et toutes celles qui le souhaitent l'effectivité du droit au travail dans des conditions d'emploi et de travail décentes. Ce sont des conditions que tout employeur devra égaler ou surpasser. Le chômage involontaire constitue un choix de société absurde quand les besoins en termes de soins aux personnes et à l'environnement sont si criants. Durant cette crise, nous avons pu voir combien le marché du travail dysfonctionnait gravement : les infirmiers et infirmières dont nous avions tant besoin faisaient partie d'un métier en pénurie, et pourtant leur salaire n'avait pas augmenté. Les adeptes du libre marché pensent que c'est parce que le marché était bridé par trop de régulations qu'il n'a pas pu adapter naturellement le prix à la demande... Nous pouvons au contraire affirmer que ce n'est pas au marché qu'il faut s'en remettre, que ce soit pour déterminer le taux d'encadrement des malades ou le taux de chômage d'une société. Ce sont les besoins sociaux qui doivent guider la politique du travail, et non la fiction d'un mécanisme naturel qui n'est jamais rien d'autre que le fruit de l'action humaine.

Gardons bien en mémoire ce que Karl Polanyi avait observé dans l'analyse des causes qui avaient poussé le peuple allemand vers le fascisme : quand les sociétés s'en remettent au seul marché pour leur organisation, la violence qui s'y exerce dé-

17 Tcherneva P, *The Case for a Job Guarantee*, Polity Press, 2020.

génère et devient proprement insupportable. Dans les termes de Polanyi, la société cherche alors, de manière désespérée, à « se protéger face à la violence du libre marché » en se jetant dans les bras de dirigeants politiques qui les distraient de la véritable cause de leurs problèmes, en orientant la colère vers différents bouc-émissaires (les migrants, l'Union européenne, les Noirs, les Mexicains, les musulmans, etc.). Nous sommes malheureusement, à nouveau, dans une telle période. Avant même la crise du coronavirus, l'élection de leaders xénophobes tels Orban, Trump et Bolsonaro pouvait déjà se comprendre ainsi[18]. Sans réaction, la déstabilisation de la démocratie politique va s'aggraver. Faire face à ce défi, c'est offrir une réponse consistante au besoin de démarchandiser le travail.

Les deux principes de démocratisation et de démarchandisation sont solidaires : en dotant le « marché du travail » d'un solide plancher, via une garantie d'emploi pour toutes et tous, nos sociétés assureraient l'évolution à la hausse des conditions d'emploi et de travail, sans discrimination possible. Ceci constituera une base enfin cohérente pour construire une architecture démocratique des relations collectives de travail, du niveau de l'entreprise au niveau global, en passant par le niveau national et les branches sectorielles.

Respecter les limites planétaires

Dans l'histoire, c'est en incluant les humains dans les décisions à prendre que nous avons fait des avancées significatives dans le respect de l'environnement[19]. Sur la période contemporaine, l'immense majorité des enjeux environnementaux concernent les travailleurs et travailleuses car ils trouvent principalement leur solution dans des activités dites « *low tech* », intensives en travail humain : améliorer le système de transport public, rénover les infrastructures, isoler les bâtiments, diversifier les circuits de récolte et traitement des déchets, augmenter les possibilités de réparation des objets manufacturés...[20]

En vertu de cette affinité, au sein même du gouvernement de l'entreprise, il est fondamental de saisir que ce sont les humains, non les apporteurs institutionnels de capitaux, qui sont les plus proches représentants des intérêts de la planète. Bien entendu, les parties-prenantes (collectivités locales et territoriales, riverains, consommateurs, etc.) sont également concernées par la dynamique de démocratisation de l'entreprise. Elles doivent également faire leur entrée dans l'entreprise, par exemple dans des conseils d'entreprise renouvelés pour garantir leur information et leur consultation.

---

18 Zacharie A., *Mondialisation et national-populisme : La nouvelle grande transformation*, BDL/La Muette, 2020.
19 Chansigaud V., *L'homme et la nature. Une histoire mouvementée*, Delachaux et Niestlé, 2015.
20 McAlevey J., *A Collective Bargain. Unions, Organizing, and the Fight for Democracy*, Harper Collins, 2020.

Il importe donc de déployer une stratégie sur trois plans mutuellement indispensables[21] : externe, consultatif et interne. Tout d'abord, il faut le redire, l'action publique est attendue de toute urgence. Il importe que nos États coordonnés au plan international imposent des normes environnementales strictes qui posent le cadre des arbitrages opérés entre parties constituantes de l'entreprise, apporteurs de capital et investisseurs en travail. Il n'est pas envisageable que ces arbitrages se fassent au détriment de la planète. Comme pour ce qui concerne le travail, il est impératif que l'entreprise ne puisse décider seule des limites qu'elle se donne en matière de pollution. Dans chaque secteur, un cadre englobant qui fixe les conditions de déploiement de l'activité est indispensable[22].

Ensuite, il importe que les entreprises entrent dans une dynamique d'information et consultation, contraignante sur certains aspects, avec les représentants qui se soucient des effets environnementaux locaux et globaux des activités de l'entreprise (consommateurs et collectivités territoriales en particulier). On peut imaginer que les représentants des associations environnementales concernées prennent place dans un organe du type des Conseils d'entreprise actuels, leur assurant un droit d'information et de consultation. Ils rencontreraient ainsi régulièrement les dirigeants de l'entreprise et devraient être consultés sur les décisions significatives en matière environnementale.

En interne enfin, la transformation du gouvernement de l'entreprise est requise pour bloquer la dynamique extractive des intérêts du capital[23]. Demain, ce sont les travailleurs et travailleuses qui doivent pouvoir collectivement valider les décisions de l'entreprise, en partenariat avec les apporteurs de capitaux, et donc être en capacité de ne pas les valider. Ce pouvoir pourra être assuré par la mise en place d'un mécanisme de double majorité pour valider la stratégie de l'entreprise. Un tel mécanisme requiert non seulement une majorité au sein du Conseil d'administration comme c'est le cas aujourd'hui, mais également une majorité au sein du collège représentant les travailleurs et travailleuses, son Conseil d'entreprise aux prérogatives décisionnelles nouvelles quand il existe, ou des représentants à élire dans le Conseil d'administration là

21 Ferreras I., « Democratising Firms – A Cornerstone of Shared and Sustainable Prosperity », *CUSP Essay Series on the Morality of Sustainable Prosperity*, n° 10, July 2019.

22 Une traduction opérationnalisable dans chaque secteur d'activité économique des 9 limites planétaires identifiées par Rockström et Steffen doit être poursuivie de manière urgente. Le modèle de la *doughnut economics* de Kate Raworth (2018, *La théorie du donut*, Paris, Plon) en représente une formulation générale possible. La taxonomie européenne en cours de réalisation (cfr. les travaux du groupe d'experts EU Technical Expert Group on Sustainable Finance) et des *science-based targets* qui permettent d'identifier les limites à respecter de manière propre à chaque secteur, pourraient constituer les bases d'une telle contrainte externe, précise pour chaque secteur d'activité économique, avec des critères se renforçant année après année afin de faire converger rapidement l'ensemble du secteur d'activité, et donc de l'économie, vers le respect des limites planétaires.

23 Voir Piketty T., *Capitalisme et idéologie*, Le Seuil, 2019 (dont la discussion spécifique consacrée à la gouvernance d'entreprise).

où ils ne sont pas encore élus et disposant d'une majorité spéciale[24].

Encore une fois, soulignons combien il est indispensable d'articuler démocratisation et démarchandisation du travail pour dépolluer et restaurer notre environnement. La mise sur pied d'une garantie d'emploi pour toutes et tous aura immédiatement des effets positifs en ce sens. Les travailleurs et travailleuses qui freinent actuellement la reconversion écologique par crainte, légitime, des difficultés qu'elle pourrait entraîner (licenciements en particulier) seraient tranquillisés grâce à de nouvelles perspectives d'emploi. Grâce à la garantie d'emploi, la possibilité de se rendre utile sans tarder est assurée, et celle de voir ses compétences déclassées en raison d'une période de chômage s'éloigne. Cette dynamique conjointe de dépollution, reconversion, reconstruction sera d'autant plus délicate et cruciale à soutenir qu'elle devra tenir compte des adaptations inévitables aux effets inédits pour l'espèce humaine du dérèglement climatique[25]. Celui-ci entraîne déjà de fortes tensions sur les systèmes agricoles notamment, et des déplacements massifs de population à l'échelle de la planète[26].

Est-ce la technologie qui sauvera la planète ?

Nous n'en sommes qu'aux balbutiements d'une histoire, celle qui consiste à apprendre à vivre ensemble en nous dotant des institutions nécessaires pour nous respecter mutuellement et pour respecter les limites imposées par le fonctionnement de la biosphère à laquelle nous appartenons. Demain, si toutefois nous sommes capables d'accélérer ces apprentissages – transformer le rapport que nos sociétés entretiennent au travail et à l'ensemble des communautés vivantes, humaines et non-humaines – et plus largement, de rencontrer les Objectifs du développement durable adoptés par l'ONU en 2015, un avenir démocratique reste possible. À ce titre, la recherche en sciences sociales est plus fondamentale que jamais. Sans nier l'importance du vaccin, ni celle des avancées technologiques, nous avons vu de quoi dépendait notre capacité à aplatir la courbe des contaminations : des comportements, des normes sociales, c'est-à-dire des institutions qui président à l'organisation de notre vivre-ensemble et qui sont l'objet des sciences sociales. C'est aussi grâce à elles que certains pays peuvent juguler l'épidémie. Elles sont la source de la résilience de nos sociétés. Les *low tech* que représentent ces masques cousus mains, qui auraient pu

24 Voir par exemple, dans le cas américain, modèle monocaméral qui ne connait pas l'existence de comités économiques et sociaux ou conseils d'entreprise, la proposition d'un mécanisme de majorité spéciale pour les représentants des travailleurs élus au Conseil d'administration. Voir Clean Slate for Worker Power Report, janvier 2020, Labor and Worklife Program de la Faculté de droit de l'université d'Harvard https://lwp.law.harvard.edu/files/lwp/files/full_report_clean_slate_for_worker_power.pdf

25 Voir de la Vega E., Chalk T. B., Wilson P. A. et al., « Atmospheric CO_2 during the mid-piacenzian warm period and the M2 glaciation », *Scientific Report 10*, 11002, 2020.

26 Voir Dina I., Mokhnacheva D., Gemenne F., *Atlas des migrations environnementales*, Presses de Sciences Po, 2016.

permettre de réserver les jetables FFP2 au personnel soignant, les gestes barrières, la réorientation des comportements de convivialité, bref, notre capacité de faire évoluer les normes sociales sont tout autant, si pas plus déterminantes que les progrès technologiques.

Est-ce la technologie qui sauvera la planète ? Non, ce seront d'abord et avant tout les *soft* technologies, c'est-à-dire les institutions, fondées sur le respect des êtres humains et de la planète Terre et de ses limites qui permettront, très logiquement, de les préserver. Ou non. Même si les trois principes de démocratisation, démarchandisation et dépollution peuvent paraître « politiquement impossibles », bien éloignés de notre réalité actuelle, nos sociétés n'ont peut-être jamais été aussi proches de les rendre « politiquement inévitables », selon l'expression de… Milton Friedman[27]. Notre survie en dépend.

Nos sociétés, toutes les personnes qui l'animent, les mandataires politiques, les dirigeants syndicaux et entrepreneuriaux, les journalistes, les artistes, le personnel enseignant et soignant, les personnels essentiels, les investisseurs en travail et leurs organisations, les citoyennes et citoyens ont à faire des choix. Nous l'avons constaté au siècle dernier, des principes fondamentaux, au départ politiquement impossibles, se sont progressivement imposés à force de crises et de drames au point d'être consacrés dans les Traités internationaux les plus fondamentaux. Ce n'est pas de nouveaux principes dont nous avons besoin. Notre conviction est que c'est de la convergence de ces trois principes, qui ont animé dans le passé des luttes trop souvent cloisonnées, que peut surgir un futur désirable. « Démocratiser, démarchandiser, dépolluer » ne réussiront qu'ensemble. La survie de notre humanité sur une terre habitable en dépend. La survie du projet démocratique en dépend. Un jour, espérons-le, nous saurons que le « politiquement impossible » sera devenu inévitable.

27 En effet, Milton Friedman, dans *Capitalisme et Liberté* (Préface de l'édition de 1982, University of Chicago Press), avait fait le constat que la « fonction fondamentale » des scientifiques était de « développer des alternatives aux politiques en cours, les maintenir bien actives et disponibles, jusqu'au moment où le politiquement impossible deviendrait politiquement inévitable. » Alors que nos analyses ne pourraient être plus opposées, je partage cette perspective sur le rôle des scientifiques. Les scientifiques ont un rôle crucial à jouer dans l'équipement de la société et doivent assumer cette contribution.

CHAPITRE 5

Les transitions africaines pour une transformation structurelle durable

Kako Nubukpo

La question abordée dans ce chapitre porte sur la manière d'articuler l'impératif de transformation structurelle des économies et des sociétés africaines d'une part, et l'impératif de préservation des écosystèmes naturels d'autre part. Il s'agit d'un arbitrage douloureux, qui est au fond à la base même de la science économique, dont l'objectif est l'allocation des ressources rares. C'est en effet parce que les ressources sont rares qu'on parle d'économie. S'il n'y avait pas de rareté des ressources, on ne parlerait pas d'économie. Or la situation africaine est très intéressante à cet égard, car elle renvoie à quatre transitions qui sont autant de défis à relever pour opérer les transformations structurelles dont l'Afrique a besoin.

Les quatre transitions africaines

La première transition, qui à mon avis va être l'élément déterminant des prochaines décennies en Afrique, est la transition démographique. Je n'ai pas l'impression que le reste du monde se rende vraiment compte de ce qui se passe en Afrique du point de vue de la transition démographique. Elle est très lente ; dans un pays comme le Niger, on est encore autour de 8 à 10 enfants par femme. Le taux de croissance démographique atteint en Afrique 2,8 %. Cela équivaut à une population dont la taille double tous les vingt-cinq ans. L'Afrique est le seul continent au monde à avoir ce type de configuration.

Historiquement, les pays industrialisés ont connu une transition des zones rurales vers les zones urbaines, découlant du phénomène d'exode rural. Mais en Afrique, on observe une augmentation concomitante de la population rurale et de la population urbaine. Par conséquent, la pression que la démographie exerce sur les ressources naturelles en Afrique est gigantesque. En Afrique de l'Ouest, où je vis, on compte aujourd'hui 400 millions d'habitants et nous serons plus d'un milliard en 2050. À cette date, la population africaine comptera deux milliards de personnes.

Comment gérer une telle croissance démographique avec des systèmes économiques qui ne créent pas d'emplois ? Nous savons que d'ici 2040, nous aurons besoin de 650 millions d'emplois supplémentaires pour absorber l'offre de travail de la jeunesse africaine. Or, dans l'état actuel des choses, nous ne voyons pas comment ces centaines de millions d'emplois nécessaires pourraient être créés. Ce problème concerne en priorité les sociétés africaines, mais il s'agit d'un enjeu mondial. Malgré les discours anti-immigration qui prospèrent en Europe, il n'est pas possible d'empêcher les gens de vouloir survivre ; on ne peut pas les obliger à mourir en silence là où ils vivent. Bien sûr, l'image du « trop-plein-qui-déborde »[1] est erronée, car les migrants des pays pauvres migrent surtout vers les pays pauvres, et ceux des pays riches vers les pays riches. Sur les 3 % d'Africains qui sont actuellement des migrants, 70 % ont migré dans un autre pays africain, contre 15 % vers l'Europe (où ils ne représentent qu'un peu plus de 2 % de la population) et 15 % vers le reste du monde. Mais l'absence de perspectives d'emploi et de vie décente déboucherait immanquablement sur des problèmes sociaux susceptibles de déstabiliser le continent africain et d'entraîner des répercussions sur son voisinage.

Il s'agit par conséquent d'une question mondiale, même si cela peut donner l'impression qu'elle est spécifiquement africaine. L'instabilité de l'Afrique engendrerait l'instabilité du reste du monde. Pourquoi, par exemple, les groupes djihadistes prospèrent-ils autant dans le Sahel ? Parce que les jeunes désœuvrés et sans perspective vont y chercher du travail. C'est aussi simple que cela. Les États n'offrent aucune perspective à ces jeunes. Les seuls qui offrent des perspectives de revenus et de reconnaissance, ce sont les groupes djihadistes. Il faut ainsi comprendre que les membres des groupes djihadistes qui déstabilisent les pays du Sahel ne viennent pas de la planète Mars ; ce sont des Togolais comme moi, des Béninois, des Burkinabè, des Maliens, etc.

La deuxième transition africaine est la transition écologique. Lorsque j'étais ministre de la prospective et de l'évaluation des politiques publiques du Togo, j'ai eu la charge de la vision « Togo 2030 ». La capitale du Togo, Lomé, qui est une ville côtière, perd cinq à dix mètres de terres chaque année du fait de l'avancée de la mer sur les terres. Or Lomé abrite 40 % de la population togolaise (sur 10 % de la superficie du territoire togolais). Dans le même temps, le réchauffement climatique fait que les populations descendent du Sahel vers les forêts humides et les mangroves, ce qui fait que les populations sont prises en étau entre l'avancée de la mer et le réchauffement qui fait que les populations se déplacent plus au sud du pays. Ce phénomène engendre de graves problèmes de cohabitation entre les populations allochtones et les populations autochtones, entre les pâturages, les fermiers et la petite agriculture familiale. Les enjeux écologiques posent ainsi de sérieux problèmes qui ne sont pas des problèmes à affronter dans vingt ou quarante ans ; il s'agit de problèmes à résoudre dès aujourd'hui.

---

1 Héran F., « Comment se fabrique un oracle. La prophétie de la ruée africaine sur l'Europe », *La Vie des Idées*, 18 septembre 2018.

Lorsque j'ai fait le tour du Togo pour la vision « Togo 2030 », le leitmotiv à tous les niveaux était le manque de justice. Les populations ne sentent aucune justice. En réalité, les modalités traditionnelles de règlement des conflits deviennent inopérantes au fur et à mesure que le réchauffement climatique exerce ces effets sur l'habitabilité des villes et des campagnes africaines.

La troisième transition que l'Afrique doit opérer est fiscale. La transition fiscale est importante car elle concerne les politiques publiques. Il faut que les États africains financent des processus de développement durable. Au niveau de la transition fiscale, une des principales sources de recettes des États africains était les droits de douane – ce qu'on appelait autrefois la « fiscalité de porte ». Toutefois, la multiplication d'accords de libre-échange signés depuis quarante ans par les pays africains avec le reste du monde implique un désarmement tarifaire : les recettes douanières diminuent au fur et à mesure que les tarifs douaniers sont supprimés. L'Union européenne négocie ainsi depuis deux décennies des Accords de partenariat économique (APE) avec les pays ACP (Afrique, Caraïbe, Pacifique).

Le problème fiscal de ce désarmement tarifaire est que les États africains n'ont plus suffisamment de recettes pour financer les politiques publiques. Lorsque ces accords de libre-échange ont été signés, il était prévu que la baisse des recettes douanières serait compensée par l'augmentation des impôts directs engendrée par les créations d'emplois. Mais les choses n'ont pas évolué comme prévu. Près de 80 % de l'activité économique est populaire, souvent informelle. Les économies africaines, dépendantes des exportations de matières premières à faible valeur ajoutée, génèrent une croissance économique qui produit très peu d'emplois formels. La majorité de la population travaille dès lors dans le secteur informel ou l'agriculture de subsistance, sans contrat de travail formel et sans prélèvements obligatoires.

Par conséquent, les États africains ne disposent pas de suffisamment de ressources issues des impôts directs sur les revenus du travail. L'Afrique est en outre victime de l'évasion fiscale des multinationales et des fuites de capitaux. Sans parler de la fiscalité environnementale qui est inexistante, mais qui serait pourtant utile pour tenir compte de l'impératif de préservation de la biodiversité et des écosystèmes africains. Il en résulte que l'Afrique est une nouvelle fois prise en étau ; elle a perdu une bonne partie des recettes issues des tarifs douaniers, mais cela n'est pas compensé par une augmentation de la fiscalité directe sur les revenus du travail.

Certes, le consentement à l'impôt est lié à beaucoup de facteurs. Mais aujourd'hui en Afrique, la base fiscale des États est très étroite, du fait du très faible taux d'emplois formels. Seule la petite classe moyenne urbaine contribue, et avec des taux très élevés. Il faudrait au contraire disposer d'une assiette large et de taux faibles, mais à l'heure actuelle, les systèmes fiscaux africains reposent sur une logique inverse. Par conséquent, la transition fiscale africaine pose également de sérieuses difficultés.

Enfin, la quatrième transition est démocratique. De plus en plus, beaucoup de dirigeants africains s'inquiètent ouvertement de la disparition des éléphants d'Afrique centrale et des savanes africaines. Ces inquiétudes sont-elles crédibles ? Aux yeux des classes populaires africaines, comment les dirigeants africains considérés comme des prédateurs vis-à-vis de l'espèce humaine pourraient-ils être des protecteurs efficaces des autres espèces ? Dans les systèmes dictatoriaux où la redistribution des richesses ne s'opère pas et où les opposants sont emprisonnés, comment les chefs d'État peuvent être crédibles lorsqu'ils affirment vouloir protéger les écosystèmes naturels ?

En Afrique, le pouvoir politique est démonétisé. Les populations ne se sentent pas représentées par leurs dirigeants. Comment ces populations, qui sont persuadées que leurs dirigeants ont leur agenda privé, pourraient-elles les croire lorsqu'ils lancent l'alerte au sujet de l'avenir de la planète ? Leur raisonnement est tout à fait rationnel : comment ceux-là mêmes qui n'ont aucune préoccupation pour l'intérêt général deviendraient soudainement porteurs d'un message crédible au sujet de l'avenir de l'humanité ?

Les dirigeants africains semblent d'ailleurs en être tout à fait conscients. Pourquoi les dirigeants politiques africains, qui sont censés se sentir investis de la légitimité populaire, ont-ils laissé la main aux scientifiques au moment du Covid-19 pour l'expliquer et le gérer ? Pourquoi n'ont-ils pas pris leurs responsabilités ? La transformation des économies et des sociétés nécessite de disposer de régimes politiques capables de prendre des décisions légitimes aux yeux de leurs populations. Or ce n'est généralement pas le cas en Afrique.

Quelles solutions ?

Face aux difficultés rencontrées par les quatre transitions africaines, des solutions existent. Nous évoquerons ici quatre pistes à privilégier.

La première piste de solution concerne l'idée de la « co-construction » équitable des politiques publiques de développement durable. Notamment, les collectivités locales doivent être impliquées dans la gestion de ces politiques, ainsi que dans les programmes et projets de développement financés par la coopération au développement.

C'est particulièrement important pour les programmes visant la préservation des écosystèmes africains. Ces programmes posent la question de l'intégration ou de l'exclusion des populations locales et des collectivités territoriales dans la gestion des parcs naturels. En effet, une part importante des populations qui vivent dans les parcs naturels au Niger, au Burkina Faso ou au Bénin n'ont pas les moyens de s'adapter aux obligations de préservation de la biodiversité et éprouvent par conséquent des difficultés à vivre. Cela renvoie au débat sur le « colonialisme vert » qui cherche à préserver les écosystèmes naturels au risque de laisser mourir les populations qui habitent dans les parcs naturels.

Dans ses discussions avec l'Union économique et monétaire ouest-africaine (UEMOA) au sujet de ces parcs, l'Union européenne les considère sous sinistre et propose de les privatiser. Cette approche repose sur la philosophie des programmes d'ajustement structurel imposés aux pays en développement dans les années 1980 et 1990 par le FMI et la Banque mondiale, en réponse à la crise de la dette de ces pays. Les systèmes africains sont d'abord délégitimés, avant d'être privatisés. Et on s'étonne par la suite que cela n'a pas fonctionné, que les modèles n'ont pas répondu aux attentes. Il est urgent de rompre avec cette approche inefficace.

L'approche de la co-construction des politiques publiques africaines permettrait au contraire de développer la démocratie locale, en impliquant les pouvoirs publics, le secteur privé et les organisations de la société civile. Selon cette approche, la délibération à partir de la base est fondamentale. Il n'est en revanche pas possible de transformer durablement les sociétés africaines sans impliquer les populations concernées dans la mise en œuvre des stratégies.

Une deuxième piste de solution concerne la mise en place de véritables systèmes d'indicateurs et de suivi-évaluation. C'est fondamental car l'Afrique est un désert statistique – en particulier en matière de protection des écosystèmes. Un auteur a dit avec humour qu'il existait trois types de mensonges : les petits mensonges, les grands mensonges et les statistiques africaines. L'Afrique a besoin de construire des indicateurs de suivi de la biodiversité.

L'UEMOA dispose de trois observatoires : un Observatoire de la biodiversité et des aires protégées, un Observatoire du littoral ouest-africain et un système d'information agricole et rurale. C'est le département que je dirige à l'UEMOA qui gère ces trois observatoires. Or il existe un véritable enjeu d'identification d'indicateurs pertinents de suivi et, surtout, d'évaluation d'impact, car sans ces indicateurs, on peut difficilement s'assurer du caractère pertinent d'une politique publique. Le fait même de construire ces indicateurs avec les populations concernées produit un résultat positif, car le processus est aussi important que le produit final.

La troisième piste de solution consiste à sortir de la « superposition des discours ». On observe aujourd'hui en Afrique trois discours qui se superposent. Premièrement, le discours macroéconomique, qui reste très orthodoxe, est influencé par les pressions du FMI, de la Banque mondiale, de l'OMC et de l'Union européenne. Il préconise l'équilibre des comptes publics pour assurer le service de la dette extérieure et l'ouverture des économies africaines par le biais d'accords de libre-échange. En revanche, un deuxième discours méso-économique, donc le discours sur le développement des secteurs économiques, n'est plus du tout de type néolibéral. Il devient au contraire de type néo-mercantiliste. Tous les dirigeants africains veulent aujourd'hui imiter le modèle chinois, et plus largement asiatique, qui consiste à transformer sur place les matières premières. Cela implique de protéger les industries naissantes, sinon les marchés africains seront inondés de produits chinois et occidentaux, mais ce discours sectoriel entre en totale contradiction avec le discours macro-économique d'inspiration néolibérale. C'est ce deuxième discours sectoriel qui parle le plus aux populations africaines, parce qu'il est imbibé de souverainisme économique et que le « miracle asiatique » parle à l'Afrique.

Enfin, un troisième niveau de discours est le discours micro-économique, qui prend quant à lui la forme d'un discours « onusien ». Les pays africains doivent atteindre les Objectifs du millénaire, puis les Objectifs de développement durable et le travail décent. Mais l'industrialisation n'est pas apparue en Occident dans un contexte de travail décent ; ni en Chine, où les industries recourent au travail des enfants ou au travail forcé.

Comment articuler ces trois niveaux de discours ? Comment rendre les discours macro-économique, méso-économique et micro-économique compatibles et cohérents ? C'est important car les dirigeants africains utilisent ces trois discours en les adaptant au gré de leurs interlocuteurs. Au FMI, ils parlent de l'équilibre budgétaire ; aux Chinois, ils parlent de transformation des matières premières ; à New York, ils parlent des Objectifs de développement durable. Si on ne met pas en cohérence ces trois niveaux de discours, on ne peut pas réussir une transformation structurelle durable en Afrique.

Une dernière piste de solution, plus prospective, concerne l'intégration régionale. C'est une question importante pour au moins trois raisons.

D'une part, l'intégration régionale peut permettre de résoudre des difficultés supranationales, comme par exemple les problèmes causés par les groupes terroristes comme Boko Haram. Ces groupes utilisent des logiques territoriales précoloniales. Ils tirent profit de cette approche territoriale qui renvoie aux peuplements historiques africains. En effet, les États africains ne sont pour la plupart pas des États avec une véritable historicité. Ils sont très jeunes et ils ont précédé les nations. Il en résulte que les États africains ont des difficultés à se coordonner pour faire face aux menaces terroristes dites asymétriques. C'est pourquoi l'Afrique doit réfléchir à des formes d'État et d'intégration sous-régionale ou régionale qui puissent leur permettre de faire face à ces menaces asymétriques, dont la plupart reposent sur l'utilisation intelligente de la rationalité territoriale précoloniale. L'intégration régionale est ainsi un facteur de mutualisation des solutions pour répondre à des risques supranationaux.

D'autre part, l'intégration régionale peut aussi être la voie idoine pour une relance économique concertée au niveau africain. Si le FMI a alloué 650 milliards de dollars de droits de tirage spéciaux (DTS) en août 2021 pour soutenir les économies face à la crise du coronavirus, les pays africains ne bénéficient que de 35 milliards, soit 5 % du total, alors que la population africaine représente 17 % de la population mondiale. Malgré la faiblesse des montants disponibles pour l'Afrique, leur mutualisation au service d'une relance concertée des pays africains pourrait contribuer à financer des politiques économiques coordonnées allant dans le sens de la transformation écologique.

Le pire des choix pour l'Afrique serait de se dire que puisque le reste du monde a détruit la planète pour s'industrialiser, l'Afrique a désormais le droit de faire la même chose. Ce type de raisonnement mènerait à des conséquences dramatiques, car le retard technologique accumulé par les économies africaines est trop important. Les économies africaines ont au contraire intérêt à opérer une transformation écologique. En effet, l'âge médian en Afrique est de 19 ans. Avec cette jeunesse, l'Afrique peut faire des choses extraordinaires en termes de construction d'un nouveau modèle de développement durable. L'intégration régionale peut être un facteur de mobilisation d'une telle croissance transformationnelle.

Enfin, le troisième argument en faveur de l'intégration régionale est qu'elle renvoie à une valeur consubstantielle à la société africaine : la solidarité. L'Afrique est en train de mettre en place une zone de libre-échange continentale, qui est entrée en vigueur en 2021. L'objectif est de renforcer le commerce intra-africain et de développer des chaînes de valeur régionales, en vue de sortir de la dépendance africaine envers les exportations de matières premières et de développer des activités à plus forte valeur ajoutée et créatrices d'emplois formels. Une telle approche est prometteuse, à condition toutefois que les pays les plus avancés d'Afrique acceptent des transferts de ressources vers les pays les moins avancés. Si on veut en faire un succès, ce n'est donc pas le discours libre-échangiste qui devrait être mis au cœur de ce projet de zone de libre-échange continentale, mais plutôt le discours de la solidarité. Ce discours entre aussi en résonance avec le panafricanisme, qui pourrait représenter le nouveau grand récit africain. Cette question du narratif est cruciale. Une des difficultés pour l'Europe aujourd'hui est qu'elle n'a plus de narratif ; elle n'a plus rien à raconter au reste du monde.

Ce n'est pas le cas des Chinois qui développent un narratif autour des Nouvelles Routes de la Soie. Ce projet est un puissant instrument de mobilisation. La Chine s'adresse à l'Afrique en lui disant que l'Europe l'a colonisée après l'avoir mise en esclavage et que cette collaboration n'a rien donné de positif. La Chine se présente au contraire à l'Afrique comme un pays en développement, afin de créer une communauté de vue. La Chine propose aux Africains de se développer ensemble via notamment cette initiative des Nouvelles Routes de la Soie. Lorsque j'étais directeur de la Francophonie économique et numérique à l'Organisation internationale de la Francophonie (OIF), la Chine présidait le G20 et refusait systématiquement d'organiser les réunions à Washington, où sont logés les bureaux du FMI et de la Banque mondiale, car elle considérait que les politiques de développement n'étaient pas possibles avec ces institutions. La Chine préférait organiser les réunions du G20 à New York, car c'est le lieu des Nations Unies, où pays développés et en développement sont censés être ensemble. Cette anecdote illustre combien la Chine développe un narratif qui parle aux Africains.

Il existe également un narratif en Afrique, par exemple le récit marocain qui parle à l'Afrique subsaharienne. Le narratif marocain passe ainsi par trois canaux : d'une part, le Maroc est aujourd'hui le premier investisseur francophone en Afrique ; d'autre part, le Maroc forme les imams subsahariens dans le but de développer l'islam soufi ; enfin, Royal Air Maroc représente les ailes de l'Afrique.

L'Afrique se voit ainsi adresser plusieurs récits par des puissances émergentes du Sud, mais elle ne perçoit plus de narratif européen. Le néolibéralisme a ceci de mortifère qu'il confond les modalités de gestion avec un projet de société. C'est une importante faiblesse du néolibéralisme, car le discours sur la « bonne gouvernance » a pris le pas sur le projet de société. Par conséquent, il n'y a plus en Afrique de débat démocratique sur le modèle social ; le débat en Afrique porte quasi-exclusivement sur la question identitaire. Cette question identitaire a tendance à masquer ce qui a été au cœur de la construction européenne pendant des décennies : quel est le message que l'on adresse au reste du monde ? Quel est l'avenir de l'État-providence ? Est-ce que cet État est en concordance avec le nouveau monde ? Quel va être ce nouveau monde et quelle sera la place de l'Afrique dans cette construction ? Nous ne pouvons éviter aucune de ces questions.

Climat, biodiversité et aires protégées : les « communs » au cœur de l'adaptation africaine

La nature est à la fois danger(s) et opportunité(s) pour le monde du vivant. Cette créance ou conscience écologique, à l'échelle d'une personne, prend forme dans trois représentations selon Carine Dartiguepeyrou[2]. D'une part, une représentation

2 Dartiguepeyrou C., « Où en sommes-nous de notre conscience écologique ? », in *Vraiment durable* n°4, automne 2013, pp. 15-28.

d'appartenance où « le monde est un problème auquel je dois faire face » ; la nature devient objet. L'Homme se détache d'elle pour la rendre docile et cherche à la contrôler. Il l'instrumentalise pour ses propres fins et la dissocie de lui pour utiliser ses ressources.

D'autre part, une représentation d'émancipation où « le monde est un projet auquel je peux participer » ; la nature devient contributrice. L'Homme s'intéresse à elle comme sujet à part entière. Il peut s'appuyer sur elle pour se ressourcer et se développer. Il n'est plus dans une relation de domination, voire d'exploitation. Il cherche à coexister et à collaborer avec elle. La notion de nature s'étend à l'écologie, faisant ainsi le pendant de l'élargissement de la conscience qu'en a l'Homme.

Enfin, une représentation d'interdépendance où « le monde est un mystère dont nous prenons soin à l'échelle planétaire » ; l'Homme va chercher à mieux comprendre son environnement et à en prendre soin. Il prend conscience que son propre développement ne peut aller contre ou se faire indépendamment de la nature. Il met alors au cœur de sa vision et de son action la fragilité du vivant.

Selon Dartiguepeyrou, notre rapport à l'écologie évolue donc aussi en fonction de notre niveau de conscience. D'où l'enjeu actuel de passer d'une représentation de la survie et de l'appartenance à une représentation de l'émancipation et de l'interdépendance.

La réflexion sur la sauvegarde de la nature, par ricochet de la biodiversité, peut être appréhendée à travers le prisme des biens communs. Ces biens communs (*commons*) correspondent aux biens sur lesquels aucune unité sociale (individu, famille, entreprise) ne dispose de droits exclusifs, qu'il s'agisse de droits de propriété ou de droits d'usage.

Cette réflexion remonte à la pensée de Garrett Hardin qui a parlé de « tragédie des communs »[3], en partant d'une approche empirique sur la gestion des pâturages. Il conclut qu'il y a incompatibilité entre propriété commune et durabilité. Selon lui, seules deux solutions existent alors : diviser la ressource en propriétés privées exploitées par chaque éleveur ou bien la faire gérer par une instance supérieure, par exemple l'État. Questionnant la pensée de Hardin, Elinor Ostrom[4], prix Nobel d'économie en 2009, s'est efforcée de montrer que des collectivités pouvaient gérer de manière économiquement optimale des biens communs, à travers la création d'arrangements institutionnels – en suggérant même que les problèmes de ressources communes peuvent être résolus par des organisations volontaires plus efficacement que par un État coercitif.

3 Hardin G., « The Tragedy of the Commons », Science, vol. 162. n° 3859, p. 1243-1248, 13 décembre 1968.
4 Ostrom E., *Governing the Commons: The Evolution of Institutions for Collective Action*, Cambridge University Press, 1990.

Derrière ces biens communs, plusieurs enjeux peuvent apparaître, notamment la nécessité de la réglementation de l'accès ou de l'utilisation du bien en lien avec le besoin de rationnement, mais également la question de l'échelle d'intervention. Certains biens, en raison de leur importance pour la planète, ne tombent pas sous la souveraineté d'un seul État ou groupe d'États, parce qu'une appropriation juridique est exclue du fait de leur nature. Sur le plan international, le statut de la biodiversité est encadré par le régime juridique de la Convention sur la Diversité Biologique (CBD) signée à Rio en 1992. Cette conférence insuffla un humanisme dans les rapports de l'être humain à l'environnement, sans occulter les dimensions philosophiques, sociales et économiques, toutes aussi importantes pour structurer une conscience fondée sur les valeurs de durabilité et amenant vers une « écologisation du monde ».

Le cas de l'adaptation ouest-africaine à la dégradation des écosystèmes

En Afrique de l'Ouest, l'UEMOA a, très tôt, bâti une intervention solide dans le domaine de la protection de la biodiversité. D'une manière générale, les ressources naturelles constituent le moteur du développement social et économique de la plupart des États africains, en particulier ceux membres de l'UEMOA. Parmi ces ressources, l'eau, le sol, la forêt et la faune sont, le plus souvent, les principaux actifs entre les mains des populations rurales, essentiellement celles évoluant dans les zones périphériques des aires protégées, constituant pour elles les principaux moyens de vie et de survie.

En effet, la plupart de ces États, en particulier ceux de la région sahélienne, présentent un écosystème fragile et une économie fortement dépendante de la performance du secteur primaire qui, lui-même, est tributaire de la pluie et de la qualité des facteurs et conditions de production (terre et autres intrants).

Bien que constituant le principal moyen de subsistance de la majorité de la population ouest-africaine, et dans un contexte de faible accès aux moyens techniques de production plus appropriés et performants, la gestion écosystémique est confrontée à une grande vulnérabilité sociale et économique, à une dégradation des ressources naturelles et aux aléas climatiques devenus de plus en plus récurrents et violents, dépassant l'échelle nationale de prise en charge.

Depuis plusieurs décennies, la plupart des États ouest-africains sont confrontés à un déficit pluviométrique récurrent (même si la tendance s'est légèrement améliorée ces dernières années). Celui-ci, combiné aux feux de brousse, à l'exploitation irrationnelle des forêts, au surpâturage et à la dégradation des sols, a profondément affecté les grands équilibres écologiques. Cette situation a entraîné une dégradation des ressources naturelles et une baisse de la production agricole en général.

Dans le même ordre d'idées, cette forte dépendance des ressources naturelles incite le plus souvent à leur surexploitation, aggravée en cela par la croissance démographique, ainsi que par les phénomènes migratoires qui font généralement des aires protégées des régions d'accueil à la recherche d'une nature plus généreuse en termes de services écosystémiques.

De ce fait, de fortes pressions sont exercées sur les ressources naturelles des sites de conservation. Ce phénomène est accentué, entre autres, par les effets du changement climatique et l'absence d'une gestion concertée, durable et coordonnée à l'échelle sous régionale, notamment celles transfrontières, entraînant ainsi leur dégradation continue, avec comme corollaire l'érosion de la biodiversité.

Pour inverser cette tendance, accentuée vers les années 1980, l'Afrique de l'Ouest, à l'instar de beaucoup d'autres régions confrontées au triple défi de la transition démographique, des changements climatiques et de la gestion durable des ressources naturelles partagées, a souscrit aux engagements relatifs aux Accords multilatéraux sur l'environnement (AME) pour contribuer à une meilleure gouvernance écologique mondiale, par le truchement de la nécessaire union de tous les acteurs du développement pour préserver notre planète.

C'est ainsi qu'au-delà de l'expression d'une volonté politique consistant à ériger l'environnement parmi les secteurs prioritaires, la plupart des États ouest-africains ont initié et mis en œuvre des programmes et projets de gestion durable des ressources naturelles, en particulier au niveau de leur système d'aires protégées, tout en prenant de plus en plus en compte la dimension sociale à travers l'approche participative qui vise une inclusion et une responsabilisation plus prononcées des populations riveraines des aires protégées regroupées en organisations communautaires de base, ainsi que les organisations de la société civile intervenant dans la thématique de la conservation et de la valorisation durable de la biodiversité. Toutefois, les obstacles sont légion et les défis de taille.

L'Afrique subsaharienne est un sous-continent en transition : démographique, écologique, fiscale et démocratique. L'espace dans lequel ces transitions trouvent leur réceptacle est sans aucun doute le triptyque « climat-biodiversité et aires protégées ».

La Commission de l'UEMOA s'est très tôt préoccupée de l'urgence relative à la prise en compte des changements observés dans les écosystèmes sur la capacité du vivre-ensemble des populations ouest-africaines, notamment sahéliennes. À partir de la notion de « communs », diverses actions sont mises en œuvre pour assurer la résilience des populations littéralement prises en étau entre un réchauffement climatique qui les pousse à migrer vers les forêts humides et les mangroves d'une part, et une érosion côtière qui les incite à migrer vers l'intérieur des terres d'autre part. Un des résultats tangibles de cet étau est l'accroissement sans précédent des conflits entre populations nomades en mal de couloirs de transhumance et populations sédentaires à la recherche de superficies cultivables additionnelles.

L'urgence africaine est donc l'initiation et l'amplification d'actions susceptibles de freiner l'impact néfaste du réchauffement climatique sur des populations en proie pour l'essentiel à une insécurité croissante qui se nourrit de l'absence de réponses politiques adéquates à ces bouleversements agroécologiques.

La transformation structurelle durable des économies africaines

La croissance économique s'accompagne habituellement de changements importants dans la composition de la production et de l'emploi. La manifestation de ces changements s'opère généralement par un déplacement des ressources des secteurs traditionnels vers les secteurs modernes. Selon les économistes McMillan et Rodrik[5], la transformation structurelle doit être comprise comme le changement structurel propice à la croissance résultant de la réaffectation des ressources d'activités à faible productivité vers des activités à forte productivité intra sectorielle et intersectorielle. Par ailleurs, la pérennité et la stabilité de la croissance dépendront de ce que les pays africains produiront, transformeront et éventuellement exporteront sur les marchés internationaux, ce qui suppose de s'insérer de manière judicieuse dans les chaînes de valeur nationales, régionales et internationales.

Le processus d'industrialisation suppose l'accumulation du capital et la hausse de la productivité des facteurs de production, à savoir le travail et le capital. Historiquement, ce processus s'est inscrit dans la formation du capitalisme, marchand, puis productif et enfin financier. Dans le cadre du capitalisme marchand, le profit s'est constitué grâce à la capacité des acteurs à saisir les différentiels d'opportunité dans le temps et dans l'espace. Par exemple, on achète aujourd'hui et on revend demain, ou alors on achète dans un lieu précis et on revend ailleurs. C'est typiquement le cas des revendeuses de pagnes au Togo, qui achètent des tissus imprimés « Wax » aux Pays-Bas ou en Chine et qui les revendent en Afrique, empochant souvent des bénéfices substantiels.

Dans le cadre du capitalisme productif, qui est le plus souvent associé au processus d'industrialisation, c'est dans la transformation de matières primaires en produits finis ou semi-finis que réside la création de richesses. De fait, le profit va rémunérer la disponibilité et l'utilisation du capital. Toutes choses étant égales par ailleurs, plus les gains de productivité seront élevés, plus le surplus engendré par l'économie sera important. C'est à ce niveau qu'il y a un hiatus entre les discours de certains dirigeants

5 McMillan M. et Rodrik D, « Globalization, Structural Change and Productivity Growth », *National Bureau of Economic Research Working Paper Series*, juin 2011.

africains célébrant à cor et à cri « l'émergence » et la réalité des économies africaines : on a du mal à percevoir un processus net d'accumulation du capital pouvant se traduire par (ou venir illustrer) une industrialisation du continent. Ce hiatus est intéressant, car il traduit peut-être également des postures pour calmer les attentes des peuples, alors qu'en réalité cela fait soixante ans qu'ils entendent ce genre de discours. Bientôt, les seules promesses ne seront plus suffisantes…

Une Afrique industrialisée à l'horizon 2050 est tout à fait possible, à condition de regarder les choses en face et de ne pas se payer de discours dont l'inanité devient d'autant plus insoutenable que la donne démographique met en évidence l'urgence pour le continent de nourrir sa population et lui trouver des emplois et des revenus décents d'ici 2030, si on se réfère à l'agenda des Objectifs du développement durable (ODD). L'émergence suppose l'effectivité de cinq facteurs dont l'Afrique ne pourra pas faire l'économie si elle veut intégrer le cercle des continents qui ont su réussir leur transformation structurelle. Il s'agit de : 1. La disponibilité d'une main-d'œuvre bien formée et de qualité. 2. L'accumulation primaire du capital. 3. La promotion de l'innovation technologique, notamment le numérique. 4. L'effectivité de la gouvernance démocratique, passant notamment par une culture accrue de l'évaluation et de la recevabilité. 5. La capacité pour les dirigeants de susciter une vision partagée par les populations sur l'avenir souhaitable des nations africaines.

À cette aune, l'industrialisation peut constituer une voie nécessaire à l'émergence de l'Afrique. Mais elle ne serait de toute façon qu'un moyen au service de fins à co-construire par les citoyens africains. Elle ne saurait se substituer à l'impératif de définir un projet de société ambitieux mais réaliste, inclusif et ouvert, tournant résolument le dos à la prédation ayant cours dans des économies essentiellement rentières. Atteindre cette nouvelle « frontière » est l'affaire de tous, pas seulement des Africains, car il y va de la stabilité du monde entier.

Pour l'heure, le « consensus de Pékin », fondé sur l'idée d'un développement sans démocratie, met l'accent sur le caractère incontournable de la mise à disposition à l'Afrique d'importantes infrastructures. Au-delà du caractère impressionnant des chiffres annoncés, le défi est de s'assurer de l'impact positif à terme de ces projets d'investissements pharaoniques sur le bien-être des populations. Pour l'heure, le risque le plus prégnant est celui d'un surendettement manifeste des pays africains.

À côté des investissements lourds en infrastructures, le processus d'industrialisation en Afrique doit également se préoccuper de mettre à l'échelle des applications numériques dont l'utilisation optimale est susceptible d'engendrer un gain non négligeable de productivité des facteurs capital et travail. C'est l'association harmonieuse des deux niveaux d'appréhension de la disponibilité des facteurs qui permettra à l'Afrique de réussir la transformation structurelle de son économie.

À cet égard, l'extension du numérique est un levier central d'accès des populations à des ressources éducatives libres. Elle concourt à démocratiser les conditions d'accès à différentes formes de connaissances et d'informations pour toutes les catégories sociales et permet, de ce fait, de promouvoir une philosophie collective du partage gratuit de ces ressources, augmentant ainsi le niveau de connaissances et de productivité des ressources humaines africaines. De fait, la jeunesse africaine fait preuve d'une forte appétence pour la production de solutions numériques au plan micro-économique.

Il y a par exemple un jeune nigérien, Malan Sagirou qui applique les derniers développements numériques au domaine de l'irrigation à des milliers de kilomètres de Niamey. Ce n'est donc pas juste un phénomène urbain. Une jeune Burkinabé qui a réalisé tout une cartographie des centres de santé a été primée par la Francophonie, et un jeune Burkinabé a créé l'application « I Civil » qui permet dès la naissance d'enregistrer automatiquement le bébé au niveau de l'état civil depuis une application numérique. Cela résout des problèmes de défaillance d'enregistrement des naissances et Unicef cherche à mettre à l'échelle cette solution. Citons également Gérard Niyondiko et Moctar Dembele, deux jeunes chercheurs burkinabé qui ont mis au point un savon qui permettrait de réduire la propagation du paludisme. Ce savon est composé de citronnelle, de karité et d'autres ingrédients non dévoilés à ce jour. Ces composants empêcheraient la prolifération des moustiques qui tuent environ 600 000 personnes par an.

L'observation de l'entrepreneuriat numérique en Afrique met en évidence l'existence de beaucoup d'imagination, de créativité, mais aussi des difficultés à passer à l'échelle. Ainsi, par exemple, la nature des opportunités et des risques que crée le numérique, respectivement au sein des systèmes nationaux d'innovation et de recherche en construction et au niveau de l'entrepreneuriat localisé qui porte l'innovation frugale, questionne les conditions institutionnelles de son activation au service du développement.

Par exemple, de jeunes ingénieurs togolais regroupés dans un centre de recherche, le « Woelab » à Lomé, ont mis en place le « fufumix », un appareil permettant de transformer l'igname cuite en « fufu », un plat très prisé en Afrique subsaharienne, ainsi qu'une imprimante « 3D » conçue avec des matériaux entièrement recyclés. Tous les tests de qualité et de fiabilité furent concluants, mais il est difficile pour ces jeunes inventeurs d'atteindre l'étape de l'industrialisation du « fufumix » et de l'imprimante, et donc de leur production en série. Le passage à l'échelle du « fufumix » et de l'imprimante « 3D » souffre ainsi de l'absence d'un système national d'innovation, de la difficulté à accéder aux financements nécessaires et enfin de l'identification des réseaux de distributeurs potentiels des produits dans l'espace subsaharien. Plusieurs incubateurs d'entreprises ouest-africaines souffrent des mêmes difficultés d'insertion de leurs innovations dans le système productif de leurs pays respectifs, par exemple « Jiggen Tech » au Sénégal et « Incub Ivoire » en Côte d'Ivoire dans le domaine du numérique, ou « Choco-Togo » dans le domaine de la transformation du cacao en chocolat sur le sol togolais.

Le succès ou l'échec d'une innovation ne peut être dissocié du projet de société au service duquel il est censé se mettre. Or, la plupart des pays africains sont dans ce qu'il est convenu de nommer « la dictature de l'urgence », illustrée par la prééminence du court terme au détriment d'une vision concertée du moyen-long terme. Le travail de construction d'une vision partagée s'avère indispensable, car cette dernière constitue le principal filtre de cohérence par lequel on peut évaluer l'opportunité et/ou la qualité du passage à l'échelle d'une innovation, notamment numérique.

Si les technologies numériques offrent des opportunités, elles posent également des questions importantes. Le numérique porte le mythe d'une révolution technologique qui serait source de potentielles nouvelles croissances. En réalité, les observations actuelles tendent à infirmer ou du moins à très fortement nuancer cette croyance collective. La transition numérique entretient potentiellement le mirage historique du développement sociétal par la technique. La révolution numérique pourrait ainsi être un leurre technologique.

La transition numérique ne sera porteuse potentielle de révolution technologique structurelle pour l'Afrique que dans l'hypothèse où elle serait mise au service des questions que pose le besoin de transformation structurelle des modèles de développement de ce continent, et non celui des firmes globalisées des GAFAM (Google, Apple, Facebook, Amazon, Microsoft) qui s'en font le moteur. Cette mise en service du numérique aux besoins du développement ne peut s'opérer que par la construction de cadres de régulations publiques (fiscalité, normes, accès aux espaces) des conditions d'accès du continent africain aux firmes qui portent la transition numérique.

Conclusion

En définitive, une Afrique économiquement efficiente devrait pouvoir, suivant la méthodologie de l'analyse prospective, être en capacité de valoriser des facteurs endogènes de réussite tels que la créativité, mais également d'analyser les facteurs d'incertitude relatifs à la trajectoire future du continent.

Premièrement, il s'agit d'appréhender la place des puissances émergentes, notamment asiatiques, dans les relations qu'entretiendra dans le futur l'Afrique avec le reste du monde. En particulier, ces pays seront-ils à l'origine de partenariats innovants

« gagnant-gagnant », ou seront-ils au contraire des agents de la recolonisation de l'Afrique ?

Deuxièmement, il convient de considérer le rôle croissant des inégalités entre et à l'intérieur des pays qui sont susceptibles d'ébranler définitivement la faible cohésion sociale des États en Afrique. En effet, les travaux de l'Institut de Recherche pour le Développement (IRD-DIAL[6]) montrent que le degré d'inégalité entre les pays en Afrique est aussi élevé qu'en Asie, continent qui détient le record du monde en la matière ; il en est de même des inégalités au sein des pays, pour lesquelles l'Afrique a rattrapé l'Amérique latine, connue pour son accommodation de la coexistence de grandes et riches propriétés terriennes (latifundia) et en contrepoint de la pauvreté et de la très grande précarité de millions de paysans sans-terre.

Un troisième facteur d'incertitude concerne la paix. Les mesures sécuritaires, dans un contexte marqué par le terrorisme, impactent les performances économiques du continent, notamment pour ce qui concerne l'affectation optimale des ressources rares : aide publique au développement, ressources fiscales nationales, etc. En effet, les budgets engagés pour l'achat d'armes constituent mécaniquement des crédits en moins pour la construction de dispensaires de santé ou de salles de classe.

Le changement climatique, enfin, affecte la résilience économique des populations et favorise des migrations, dans les conditions tragiques que nous connaissons, parce que ces femmes et ces hommes, souvent très jeunes, ne considèrent plus d'autre option pour assumer le minimum vital : se nourrir et survivre.

La manière dont les pays africains géreront ces facteurs d'incertitude déterminera leur capacité à insuffler une transformation structurelle durable des économies africaines au cours des prochaines décennies.

6 Cogneau D. « *L'Afrique des inégalités : où conduit l'histoire ?* », Collection du CEPREMAP, Paris, 2006, 64 p.

Partie III

Le financement d’un Green New Deal planétaire

CHAPITRE 6

Mettre la fiscalité, la finance et le commerce mondial au service d'un Green New Deal planétaire

Mathilde Dupré

Si les appellations évoluent, voilà plus de vingt ans maintenant que la communauté internationale s'est fixé un agenda collectif en faveur du développement et de la protection de la planète : Objectifs du millénaire pour le développement (OMD) puis Objectifs de développement durable (ODD) de l'ONU. Les objectifs sont ambitieux et se sont progressivement étoffés pour donner une place croissante aux enjeux environnementaux et intégrer la question des inégalités. Mais les progrès en matière de respect des droits humains restent minces et la crise écologique s'aggrave. L'une des explications réside dans le déficit chronique de financement des objectifs affichés, en dépit des sommets internationaux consacrés régulièrement à cette question[1]. Dans le sillage de la pandémie de Covid-19 et devant la multiplication des impacts perceptibles de la crise climatique, l'expérience concrète de nos interdépendances invite à un sursaut de mobilisation et d'ambition, mais comment mobiliser les ressources nécessaires pour mettre en œuvre un Green New Deal planétaire ? Ce chapitre n'entend pas épuiser cette difficile question, mais seulement donner des ordres de grandeur sur les besoins identifiés, examiner les éventuelles ruptures en cours dans les politiques économiques et explorer quelques-unes des pistes importantes à privilégier pour financer un Green New Deal planétaire.

Un effort de guerre en temps de paix

Les besoins identifiés se sont alourdis au fur et à mesure que l'agenda de la communauté internationale s'est élargi et que la fenêtre de tir pour apporter des réponses satisfaisantes à la crise climatique se rétrécit. Les estimations sont multiples mais les ressources nécessaires pour l'atteinte des OMD étaient évaluées à une centaine de milliards de dollars par an en 2003[2]. Puis, en 2009, à Copenhague, les pays développés se sont engagés à verser 100 milliards de dollars par an d'ici 2020 aux pays en

1 Conférences internationales sur le financement du développement de Monterrey en 2002, à Doha, en 2008 et à Addis Abeba, en 2015.

2 Jahan S., *Achieving millennium development goals : partnership and participation*, United Nations Development Programme, juin 2003.

développement pour s'adapter aux impacts du changement climatique et réduire leurs émissions de gaz à effet de serre. Quant aux Objectifs du développement durable, les ressources nécessaires pour combler le déficit de financement dans les pays en développement pourraient s'élever entre 2 500 et 3 000 milliards de dollars par an[3].

Mais un véritable Green New Deal planétaire suppose une mutation encore plus profonde de nos économies pour les faire entrer dans les limites sociales et environnementales planétaires. Et ce défi est sans aucun doute de taille à mobiliser toutes les ressources disponibles de nos économies en un temps record.

Un détour par l'Union européenne peut être utile pour se faire une idée des ordres de grandeur en jeu. Au moment de la présentation du Green Deal européen, en décembre 2019, la Commission européenne a annoncé le déploiement de moyens financiers substantiels avec un plan d'investissement initial de 1 000 milliards d'euros sur une période de dix ans. Toutefois, ce chiffre « magique » masque plusieurs limites importantes. Non seulement l'« additionnalité » des sommes annoncées n'est pas garantie – le Plan d'investissement incluait de nombreuses dépenses déjà prévues et simplement renommées « Green Deal » –, mais les moyens semblent encore insuffisants par rapport aux besoins déjà identifiés et certainement trop dépendants de l'investissement privé[4]. En conséquence, le Green Deal se limite comme d'autres plans d'investissements « verts » aux aspects les plus porteurs de la transformation écologique, dans lesquels l'investissement fait émerger des modèles économiques et des flux de revenus futurs : isolation thermique des bâtiments, énergies renouvelables, filière hydrogène, etc. Passent au second plan de nombreux domaines plus difficiles à rentabiliser et pourtant cruciaux comme la protection de la biodiversité, la conversion agricole et alimentaire, la mobilité urbaine ou encore les transports ferroviaires. Autrement dit, le rôle clef donné au financement privé débouche facilement sur des projets de transitions tronqués, qui ne tiennent pas réellement compte du caractère systémique de la crise écologique.

L'enveloppe initialement envisagée se situait en effet déjà en dessous des besoins estimés par la Commission elle-même, puisqu'elle chiffrait dans le même document le besoin d'investissements annuels à 260 milliards d'euros[5] pour atteindre l'objectif de réduction des émissions de GES de 40 % d'ici 2030 – objectif qui a entretemps été

---

3 UN Secretary General's roadmap for financing the 2030 agenda for sustainable development 2019-2021.

4 Dupré M., Hallak J. et Kalinowski W., « Réussir le « Green Deal » : un programme social-écologique pour sortir l'Europe de la crise », Note de l'Institut Veblen, mars 2020

5 Scénario EUCO3232.5 publié en 2019, dans une mise à jour du « Scénario de Référence 2016 » développé pour la Commission par la société E3-Modelling. Le scénario initial de 2016 calculait les besoins d'investissement dans l'hypothèse où l'UE et les États-membres atteindraient en 2020 tous les objectifs fixés en 2014. Voir Commission européenne (2016), "EU Reference Scenario 2016. Energy, transport and GHG emissions: trends to 2050".

revu à la hausse à -55 %. Dès 2016, le « Scénario de référence[6] » de la Commission indiquait d'ailleurs que l'UE ne pourrait pas atteindre ses objectifs climatiques sans promouvoir des investissements à hauteur de 6 % du PIB par an à partir du début des années 2020. Et fin 2016, pour relever l'objectif de réduction de la consommation d'énergie primaire de 30 % à 40 %, les études d'impact de la Commission avaient estimé les besoins d'investissements à 1 565 milliards d'euros par an, soit 8 % du PIB européen[7]. De son côté, la Cour des comptes européenne donnait, en 2017, le chiffre de 1 115 milliards d'euros par an à partir de 2021 dans les secteurs clés pour atteindre les objectifs de l'Union à l'horizon 2030[8].

Évidemment, ces besoins ont encore été réévalués à la hausse après le début de la crise économique provoquée par la pandémie de Covid-19. Selon les estimations[9] de mai 2020 de la Commission européenne, l'ensemble des besoins d'investissements (publics et privés) pour couvrir les pertes de capitaux propres des entreprises, le déficit d'investissement privé et les besoins d'investissements structurels dans le Green Deal, la transition numérique et les investissements dans les infrastructures sociales s'élevaient au total à 5 400 milliards d'euros en 2020 et 2021, dont 1 700 milliards d'euros sont dus à l'impact supplémentaire de la crise, soit un montant de 16,6 % du PIB par an sur deux ans.

Non seulement ces estimations apparaissent à nouveau très optimistes pour ce qui concerne les besoins d'investissement dans le Green Deal[10], mais les montants incluent des mesures indiscriminées de sauvetage et de soutien à l'investissement privé, visant l'ensemble des entreprises, tous secteurs d'activité confondus. Or si l'UE veut respecter son engagement de « serment vert » (c'est-à-dire de ne pas nuire aux objectifs climatiques et environnementaux adoptés par l'UE), elle devrait assumer une forme de déclin des activités et des secteurs les plus polluants et se contenter d'accompagner les acteurs concernés vers une reconversion. Et surtout, l'ensemble de ces estimations ne tenait toujours pas compte du rehaussement de l'objectif de réduction des émissions à -55 % d'ici 2030, entériné en 2021.

6 Commission européenne, « EU Reference Scenario 2016.Energy, transport and GHG emissions : trends to 2050 », 2016.

7 Commission Staff Working Document, Impact Assessment Accompanying the document Proposal for a Directive of the European Parliament and of the Council amending Directive 2012/27/EU on Energy Efficiency, COM(2016) 761 final, tableau 22, p. 66. Encore en 2019, ces estimations ont été reprises dans la communication de la Commission, voir COM(2019) 285 final, graphique n° 5. A titre d'exemple, les besoins d'investissement annuels dans les transports s'élevaient, dans les estimations précédentes, à 705 milliards EUR par an et non 120 milliards désormais affichés.

8 Cour des comptes européenne, « Analyse panoramique : l'action de l'UE dans le domaine de l'énergie et du changement climatique », 2017.

9 European Commission, « Identifying Europe's recovery needs. Accompanying the document. Europe's moment: Repair and Prepare for the Next Generation », 27 Mai 2020.

10 Les montants correspondant aux investissements sectoriels nécessaires dans le Green Deal sont évalués ici à 470 milliards d'euros par an, soit 2,9% du PIB environ.

Comme dans le cas du Green Deal, le plan de financement du programme de relance européen « Next Generation » est encore trop dépendant de l'investissement privé. Selon la Commission, le succès de son plan dépend fortement de son effet de levier, c'est-à-dire de sa capacité à encourager des financements privés à partir des fonds publics engagés. Dans la communication relative au budget consacré au plan de relance[11], la Commission indiquait ainsi qu'avec une enveloppe initiale d'argent public de 1 290 milliards d'euros, « l'investissement total qui pourrait être généré par ce paquet de mesures s'élève à 3 100 milliards d'euros ». Elle reconnaît cependant que ses hypothèses pourraient s'avérer trop optimistes en raison des incertitudes qui planent sur la situation économique actuelle.

Ce qui est certain, c'est que les investissements consacrés au climat n'ont jamais approché les niveaux d'investissement nécessaires identifiés. D'après la Banque européenne d'investissement, l'ensemble des montants publics et privés investis dans l'atténuation climatique en Europe s'élevait en 2017 à environ 200 milliards d'euros par an, soit 1,3 % du PIB de l'Union européenne[12]. Il faudrait donc augmenter massivement le volume d'investissements pour tenir les ambitions telles qu'elles ont été définies en 2018, alors même que le Green Deal propose d'aller beaucoup plus loin.

Si le financement du Green Deal européen pose déjà des défis majeurs au sein de l'une des régions les plus riches du monde, cela nous renseigne sur la nature de l'enjeu à l'échelle mondiale et *a fortiori* dans les pays en développement. Certains économistes se réfèrent d'ailleurs aux efforts fournis pour la reconstruction des pays d'Europe occidentale après la Seconde Guerre mondiale. D'autres nous invitent à prendre exemple sur les économies de guerre, non seulement en raison de l'échelle des moyens à mobiliser, mais aussi de l'urgence des transformations à apporter à nos économies. Dans cette perspective, plusieurs propositions fiscales ont été récemment mises sur la table pour taxer davantage les plus hauts revenus et les activités qui ont bénéficié de la crise et/ou celles qui sont insuffisamment mises à contribution[13]. Un rapport du FMI d'avril 2021 plaide par exemple pour un impôt exceptionnel sur la fortune ou sur les sociétés qui ont enregistré des surprofits en période de Covid.

À crise exceptionnelle, outils exceptionnels

La crise économique engendrée par la pandémie de Covid-19 – comme avant elle la crise financière de 2008 dans une moindre mesure – a des impacts contrastés et pourrait constituer un moment charnière dans la politique économique.

11 European Commission, « The EU budget powering the recovery plan for Europe », 27 May 2020.

12 Retooling Europe's Economy. EIB Investment Report 2018/2019, Key Findings. p. 12.

13 Klemm A., Hebous S., Michielse G. et Nersesyan N., « COVID-19 Recovery Contributions », Special Series on COVID-19, 16 avril 2021.

Elle a évidemment pour effet de recentrer l'ensemble des acteurs économiques sur des préoccupations de très court terme et risque de peser durablement sur les capacités d'intervention des États, éloignant de fait la perspective d'un véritable Green New Deal mondial.

Mais par son caractère tout à fait exceptionnel, la crise ouvre aussi le champ des possibles et a déjà permis de déplacer les lignes de certains débats économiques considérés parfois à tort comme immuables. Depuis la crise financière mondiale de 2008, de nombreuses banques centrales avaient déjà dévié de leur chemin d'orthodoxie monétaire avec des programmes d'expansion et des interventions massives pour déverser des liquidités dans l'économie ; la crise actuelle vient bousculer certaines règles d'orthodoxie budgétaire et, au sein de l'UE, ouvre la voie à une possible réforme du pacte de stabilité budgétaire. Les règles de déficit budgétaire ont été suspendues provisoirement en mars 2020 et une certaine flexibilité apparaît désormais envisageable pour exclure les investissements verts de la comptabilisation des déficits publics. Par ailleurs, le plafond de 33 % de détention de dette de chaque État au sein de la BCE a été percé. Et une nouvelle étape a été franchie avec la décision d'émettre une dette mutualisée à travers l'emprunt européen « Next Génération EU » de 750 milliards d'euros destiné à offrir de meilleures conditions d'endettement aux États dont la situation est la plus dégradée.

À l'échelle internationale, le discours des institutions internationales a aussi évolué. En avril 2021, le FMI n'encourageait-il pas les pays de la zone euro à augmenter leurs dépenses plutôt qu'à mettre en place des mesures d'austérité pour contrôler les déficits[14] ? En parallèle, une allocation exceptionnelle de 650 milliards de dollars de droits de tirages spéciaux (l'unité de compte du Fonds monétaire international) a été encouragée par les pays du G20 pour faire face à la crise sanitaire et économique. Néanmoins, la clé de répartition de ces DTS basée sur les quotes-parts des pays membres du FMI ne permet pas de répondre aux besoins prioritaires des pays en développement.

Le moment semble donc opportun pour se montrer beaucoup plus ambitieux et proposer une nouvelle approche en matière de politique économique à l'intérieur de l'UE et à l'échelle mondiale. L'urgence à agir est double. Non seulement le temps est compté pour répondre à la crise écologique, mais le contexte économique risque à nouveau de restreindre durablement les marges de manœuvre dans les années à venir. C'est pourquoi les mesures d'urgence doivent aussi être calibrées de façon à amorcer les transformations profondes que nous devons réaliser.

Parmi les pistes à explorer pour mobiliser davantage de ressources pour le financement d'un Green New Deal mondial, il faut tout d'abord accélérer la lutte contre

14 IMF, « Transcript of April 2021 European Department Press Briefing ».

l'évasion fiscale, avec des solutions qui bénéficient à l'ensemble des pays du monde, y compris les pays les plus pauvres. Ces nouvelles ressources publiques sont indispensables mais ne suffiront pas pour financer les efforts de transformation. C'est pourquoi ces efforts doivent s'accompagner d'une révision des cadres de politique monétaire et financière pour orienter les flux financiers vers les activités nécessaires à la transition et tarir les financements qui continuent d'aller dans le sens opposé, en ciblant en priorité ceux qui ont pour effet de verrouiller notre trajectoire sur le moyen ou le long terme. Enfin, une rupture profonde dans la politique commerciale est aussi nécessaire pour promouvoir une organisation des chaînes de valeur et des échanges compatibles avec le respect des droits humains et la protection de la planète.

Promouvoir la justice fiscale

Les recettes fiscales nationales constituent la principale source de financement à mobiliser. L'enjeu est à la fois d'augmenter la progressivité et le caractère écologique de nos systèmes fiscaux et de lutter efficacement contre la fraude, l'évasion fiscale et la course internationale mortifère vers le moins-disant fiscal. C'est sur ce second volet que nous insisterons ici.

La mobilisation de la communauté internationale contre les paradis fiscaux et l'érosion des assiettes fiscales depuis la crise financière de la fin des années 2000 a permis de réaliser quelques avancées notables. Les mesures les plus efficaces ont d'ailleurs été largement inspirées par les propositions portées par la société civile. Mais les progrès ont essentiellement bénéficié aux pays les plus riches et beaucoup reste à faire pour récupérer plus efficacement les recettes fiscales détournées.

Pour commencer, les efforts en faveur de la transparence fiscale sont à poursuivre. L'échange automatique d'information entre administrations fiscales, qui est devenu la norme en 2017 entre une centaine de pays, doit couvrir l'ensemble des centres financiers stratégiques et aussi fonctionner pour les pays en développement. Les propriétaires réels et les bénéficiaires effectifs ne doivent en outre plus pouvoir s'abriter derrière quelque montage juridique que ce soit. Un des moyens efficaces d'atteindre cet objectif est d'instaurer des registres publics pour les trusts et toutes les autres entités qui jouent le rôle de sociétés écrans. En parallèle, la création d'un registre mondial des actifs devrait permettre d'instaurer des formes d'imposition sur la fortune et sur les plus-values effectives. Enfin, la publication d'informations comptables clés pays par pays[15] permettrait de dissuader les pratiques les plus abusives de

15 Une obligation de reporting pays par pays public existe dans l'UE depuis 2013 en ce qui concerne les banques mais les discussions visant à l'étendre aux autres secteurs d'activités n'ont pas abouti (le périmètre géographique est bien moindre). En parallèle un reporting pays par pays auprès des autorités fiscales du pays du siège des grands groupes est désormais en vigueur mais les informations ne sont pas accessibles pour l'ensemble des parties intéressées.

contournement de l'impôt des entreprises, mais surtout d'accélérer la révision des règles fiscales internationales en donnant à toutes les parties prenantes toutes les informations essentielles pour mener cette tâche à bien.

La réforme des règles applicables pour la taxation des entreprises multinationales est une priorité pour les pays en développement. L'impôt sur les sociétés représente en effet 15 % des recettes fiscales totales en Afrique et en Amérique latine, contre 9 % dans les pays de l'OCDE[16]. Et les pays en développement subissent les pertes les plus importantes dues à l'évasion fiscale des multinationales, en pourcentage de leurs recettes fiscales actuelles (4,2 % contre 2,8 % pour les pays à revenu élevé[17]). En la matière, la proposition portée par les acteurs de la société civile – mais aussi par la Commission indépendante pour la réforme de la fiscalité internationale des entreprises[18] – reste la plus ambitieuse. Un système de taxation unitaire pour les bénéfices des multinationales permettrait en effet une répartition plus équitable des assiettes fiscales en fonction des activités réelles des entreprises dans chaque juridiction (effectifs salariés, chiffre d'affaires, actifs...), sur lequel pourrait s'appliquer un taux d'imposition effectif minimum mondial de 25 %.

Dans ce domaine, les négociations internationales menées sous l'égide de l'OCDE, dans le cadre du projet BEPS (*Base Erosion and Profit Shifting*), ont porté pendant des années sur des ajustements marginaux des règles définissant les assiettes fiscales. Et les discussions les plus prometteuses pour la justice fiscale internationale sur le niveau d'imposition effectif et la juste répartition des assiettes fiscales entre les pays n'ont commencé qu'en 2019. C'est sur ces points qu'un accord a été annoncé en juillet 2021. De portée inédite, cet accord qui fixe un seuil minimum d'imposition effective de 15 % sur les sociétés peut être qualifié d'historique et il n'aurait sans doute pas pu être atteint sans la nouvelle ambition portée par l'Administration Biden aux États-Unis. Mais il est aussi loin d'être à la hauteur des enjeux. C'est pourquoi les quatorze membres de la Commission indépendante pour la réforme de la fiscalité internationale des entreprises ont appelé les ministres du G20 à poursuivre les négociations pour mieux prendre en compte les intérêts des pays du Sud[19].

La fixation d'un taux effectif minimum d'imposition mondiale est certes un premier pas significatif pour mettre fin au moins-disant fiscal à l'œuvre depuis des décennies.

16 https://www.icrict.com/icrict-in-thenews/2019/10/8/ocde-fiscalit-internationale-vers-un-changement-radical.

17 Tax Justice Network, « État de la justice fiscale 2021 », Novembre 2021.

18 Independent Commission for the Reform of International Corporate Taxation open letter to G20 leaders: « A global tax deal for the rich », 21 octobre 2021. La Commission est composée de Edmund Fitzgerald, Jayati Ghosh, Kim S. Jacinto Henares, Eva Joly, Ricardo Martner, Suzanne Matale, Leónce Ndikumana, José Antonio Ocampo, Irene Ovonji-Odida, Thomas Piketty, Magdalena Sepúlveda Carmona, Joseph E. Stiglitz, Wayne Swan and Gabriel Zucman.

19 https://www.icrict.com/press-release/2021/10/12/icrict-open-letter-to-g20-leaders-a-global-tax-deal-for-the-rich

Rappelons que le taux mondial moyen d'impôt sur les sociétés est passé de 40 % en 1980 (et même 47 % pour les pays de l'OCDE) à 23 % en 2020, et que le taux d'imposition effectif est naturellement bien plus bas. Ainsi, un taux plancher pourrait rapporter des recettes fiscales conséquentes. Selon l'OCDE, le taux retenu de 15 % devrait générer 150 milliards de dollars de recettes supplémentaires annuelles[20]. Cependant, ce niveau de taux reste faible, à peine plus élevé que celui pratiqué en Suisse, à Singapour ou même en Irlande. Et l'Union européenne s'est bien gardée de soutenir activement la proposition américaine d'un taux effectif à 21 %. Un taux d'imposition minimum mondial proche de 21 % aurait pourtant généré près de 540 milliards de dollars de recettes supplémentaires selon *Tax Justice Network* (et un taux de 25 % aurait généré 780 milliards)[21]. En outre, l'efficacité de ce pilier de l'accord a été fortement réduite par l'introduction d'une disposition qui permet aux multinationales de réduire les bénéfices soumis à l'impôt minimum[22]. Enfin, les effets de cette réforme seront très inégalement répartis puisque l'essentiel des gains escomptés vont bénéficier aux pays d'origine des entreprises multinationales. Les pays développés bénéficieraient ainsi de près de 19 % de revenus supplémentaires par rapport à leurs impôts actuels sur les sociétés, alors que les pays en développement ne collecteraient que 2 % de recettes additionnelles[23].

Or l'autre volet majeur de la négociation qui vise justement à redistribuer de façon plus juste les recettes fiscales[24] entre les différents pays où opèrent les multinationales s'avère encore plus décevant. S'il ouvre une brèche dans le sacro-saint principe de « pleine concurrence »[25], ce n'est qu'au prix de très nombreuses concessions qui réduisent la portée de l'accord final. La réallocation des assiettes fiscales vers les pays où se trouvent les consommateurs finaux et où sont enregistrées les ventes ne s'appliquerait qu'à une centaine de multinationales (les industries extractives et les services financiers ne sont pas concernés, par exemple) et sur une petite partie (25 %) de leurs bénéfices « excessifs et exceptionnels »[26]. L'OCDE estime que les montants des bénéfices à taxer qui pourraient être ainsi transférés pourraient être de l'ordre de

---

20 https://www.oecd.org/fr/fiscalite/beps/brochure-relever-les-defis-fiscaux-souleves-par-la-numerisation-de-l-economie-juillet-2021.pdf

21 Tax Justice Network, « G7 take big step to recover tax but just for themselves », 5 juin 2021. https://taxjustice.net/press/g7-take-big-step-to-recover-tax-but-just-for-themselves/

22 Barake M., Neef T., Chouc P.E. et Zucman G., *op cit.*, octobre 2021.

23 Loc. Cit.

24 Ces discussions devraient permettre d'allouer une partie des profits des plus grandes entreprises multinationales aux pays de marché (ceux où sont situés les consommateurs), au détriment des pays sources (où se trouvent les investisseurs).

25 Ce principe qui vise à exiger des filiales d'un même groupe à ce qu'elles échangent entre elles à des conditions de marché est devenu de plus en plus difficile à faire appliquer en raison non seulement de la part croissante des transactions intragroupes dans le commerce mondial et mais aussi de l'immatériel dans ces transactions.

26 Quand le chiffre d'affaires mondial dépasse les 20 milliards d'euros et dont la rentabilité est supérieure à 10. Cf. Vicard V. et Bensidoun I., « Pour vraiment taxer les entreprises multinationales, une réforme suffit-elle ? », The Conversation, 29 novembre 2021.

125 milliards de dollars par an – soit seulement une dizaine de milliards de dollars de recettes fiscales récupérées. Et les principaux bénéficiaires seraient, selon la Commission syndicale consultative auprès de l'Organisation de coopération et de développement économiques, les « pays de l'OCDE qui disposent d'une large base de consommateurs de services numériques, de marques et de produits pharmaceutiques »[27]. Ainsi, ce pilier pourrait générer un surcroît de recettes pour les pays en développement de l'ordre de 1 % seulement du total des recettes mondiales tirées de l'impôt sur les sociétés[28].

C'est pourquoi cet accord relance aussi les discussions sur l'architecture globale des négociations fiscales et la possibilité ou non de « reloger » les discussions internationales sur la fiscalité dans le cadre des Nations Unies, pour relancer des discussions plus égalitaires sur la répartition des assiettes fiscales. Le débat est difficile car il faut admettre que l'OCDE s'est montrée particulièrement efficace dans ces négociations BEPS. C'était déjà un tour de force que de se voir confier un tel mandat par les pays du G7 et du G20, puis de parvenir à tordre le bras d'un certain nombre de pays qui ne voulaient pas de ces propositions. Et pour pallier son manque de légitimité internationale, l'OCDE a mis en place des instances *ad hoc* pour impliquer dans les discussions un maximum de pays, bien au-delà de ses propres membres. Mais tous les pays ne sont pas sur un véritable pied d'égalité, comme en atteste la répartition estimée des gains de l'accord. Or les enjeux Nord Sud sont au cœur du débat sur les règles fiscales internationales. En effet, 98 % de toutes les pertes fiscales dans le monde sont facilitées par des pays à revenu élevé[29], dont 39,2 % sont rendues possibles par le seul Royaume-Uni et son réseau de territoires d'outre-mer et de dépendances de la couronne – et 55,5 % en y ajoutant les Pays-Bas, la Suisse et le Luxembourg[30].

En février 2020, un Groupe de haut niveau sur la responsabilité, la transparence et l'intégrité financières internationales a été mis sur pied à l'initiative conjointe du Nigéria et de la Norvège pour atteindre les Objectifs de développement durable à l'horizon 2030. Il préconise, dans un rapport publié en février 2021, une réforme de l'architecture mondiale visant à instaurer des règles fiscales dans le cadre du système des Nations Unies ainsi qu'un Centre de surveillance des droits d'imposition en charge de la publication de données. Et ces propositions ont été intégrées dans le nouveau Programme commun des Nations Unies. Reste à voir si les États membres de l'OCDE joueront le jeu ou pas.

27 https://tuac.org/news/a-minimal-agreement-on-the-minimum-tax-rate/

28 https://www.oecd.org/fr/fiscalite/beps/brochure-relever-les-defis-fiscaux-souleves-par-la-numerisation-de-l-economie-juillet-2021.pdf

29 Tax Justice Network, « État de la justice fiscale 2020 ».

30 Tax Justice Network, « État de la justice fiscale 2021 ».

Réformer la finance et la politique monétaire

La mobilisation de nouvelles ressources fiscales doit être complétée par une réforme en profondeur des règles qui régissent le système financier international, y compris les politiques menées par les banques centrales. Rappelons que l'accord de Paris sur le climat engage les pays signataires à rendre les flux financiers « compatibles avec une trajectoire menant à la baisse des émissions des gaz à effet de serre et un développement soutenable[31] ». Et pour mettre fin à tout débat, l'Agence internationale de l'énergie (AIE) elle-même a déclaré en 2021 qu'il n'était pas nécessaire d'investir dans de nouvelles sources d'énergie fossile[32]. Cet objectif de réforme de la finance est affirmé, mais uniquement sous forme d'une meilleure transparence des marchés ; il faudrait aller bien au-delà pour orienter réellement les flux de financement vers la transition écologique et sociale.

Pour l'heure, les propositions pour « verdir la finance » alimentent surtout le développement de nouveaux produits financiers plus ou moins verts, sans traiter de la véritable priorité de la réorientation massive des flux financiers des actifs carbonés vers des actifs propres. Dans le Green Deal européen, il s'agit surtout de renforcer les outils de transparence des marchés qui figuraient déjà dans le « Plan d'action pour la finance durable » adopté par la Commission précédente en mars 2018. Ces derniers visent essentiellement à construire une chaîne d'information permettant de juger de la qualité des produits financiers labellisés « verts ». C'est tout l'objet de la « taxonomie verte », des indices de performance « verts » et de l'intégration des critères environnementaux, sociaux et de gouvernance (dits ESG) dans le reporting des entreprises. Mais cette stratégie de renforcement de la transparence des marchés apparaît loin d'être suffisante, notamment parce que l'orientation des flux financiers reste confiée au marché, en fonction des préférences des épargnants et des investisseurs, et non pas en fonction de préférences collectives. Le résultat est ainsi doublement insatisfaisant.

D'une part, les financements des investissements polluants et des énergies fossiles ne tarissent pas depuis la signature de l'accord de Paris. Les soixante premières banques internationales ont augmenté les financements accordés aux producteurs d'énergies fossiles de près de 5,9 % entre 2016 et 2020[33]. Pour inverser la tendance, il conviendrait donc d'élargir le périmètre de la taxonomie verte pour identifier aussi les activités dont les impacts environnementaux sont négatifs – en vue de les éliminer progressivement. Cette extension pourrait s'inspirer des méthodologies utilisées par les

31 Article 2.1 alinéa C : « *Making finance flows consistent with a pathway towards low greenhouse gas emissions and climate-resilient development.* »

32 IEA, « Net Zero by 2050. A Roadmap for the Global Energy Sector », *Flagship report*, mai 2021.

33 Banktrack, Oil change international, Indigenous Environmental, Rainforest action network, Reclaim Finance et Sierra Club, « Banking on climate chaos », mars 2021.

premiers stress-tests systémiques des risques climatiques, développée ces dernières années par certaines banques centrales européennes. Mais la révision des règles financières devrait aussi permettre d'introduire des exigences de fonds propres supplémentaires (fonds propres réglementaires et ratio de levier écologique, calculés à l'aide des outils d'évaluations des actifs financiers). Il s'agirait d'appréhender le risque climatique (et à terme environnemental au sens plus large) comme une dimension supplémentaire du risque systémique, mais aussi de pondérer les obligations des banques en fonction des classes de risque climatique des différentes parties du bilan de chaque acteur et de l'atteinte d'objectifs de décarbonation. Le verdissement de la *réglementation* pourrait inclure des règles portant sur l'évolution de la composition des bilans bancaires, permettant de piloter la décarbonation[34].

D'autre part, les financements disponibles pour la transition écologique et énergétique restent largement inférieurs aux sommes nécessaires. Dans ce domaine, la révision des normes comptables IFRS pourrait permettre de renverser les biais procycliques dans les stratégies d'investissement des banques et des sociétés d'assurance et de mieux valoriser certains types d'actifs de long terme comme les actifs finançant les projets d'infrastructures[35].

Les banques centrales ont elles aussi un rôle essentiel à jouer dans la mise en œuvre d'un Green New Deal, tant du point de vue du financement que du point de vue de la régulation financière. Elles ont certes amorcé des discussions sur le sujet, notamment au sein du réseau des banques centrales et des superviseurs financiers pour une finance verte (NGFS), mais leur mobilisation reste en deçà des besoins. En raison de leur indépendance statutaire, les Banques centrales se trouvent évidemment dans une situation particulière. Mais elles ne sont pas pour autant exemptées de respecter l'accord de Paris. La Banque centrale européenne est ainsi tenue, au titre de l'article 127 du Traité sur le fonctionnement de l'Union européenne, de soutenir les objectifs de l'Union européenne – sans préjudice pour la stabilité des prix. Or jusqu'à présent, la BCE, comme les autres banques centrales, a appliqué un principe de « neutralité de marché », se contentant de reproduire l'état actuel du marché, en contradiction avec les autres politiques européennes visant à « décarboner » activement le tissu économique européen.

Ainsi, le programme d'achat d'obligations d'entreprises (CSPP) de la BCE, par exemple, a surtout profité aux plus grandes entreprises opérant dans les secteurs les

34 Voir « Mettre la réglementation bancaire au service de la transition écologique », Emmanuel Carré, Jézabel Couppey-Soubeyran, Clément Fontan, Pierre Monnin, Dominique Plihon, Michael Vincent, Note Veblen, Juin 2022. https://www.veblen-institute.org/IMG/pdf/mettre_la_reglementation_bancaire_au_service_de_la_transition_ecologique_institut_veblen_juin_2022.pdf

35 À ce sujet, voir par exemple Dominique Plihon & Sandra Rigot (2018), « Pourquoi manque-t-on d'investisseurs à long terme? », Centre d'Économie de Paris Nord (CNRS), *Revue d'économie financière*, n° 130, 2e trimestre 2018.

plus polluants[36], contribuant ainsi à aggraver la crise écologique. Cette situation pourrait désormais évoluer puisqu'au terme de la révision stratégique conclue en juillet 2021, la BCE envisage enfin de déroger à ce principe de neutralité. Elle a en effet indiqué qu'elle comptait renforcer le reporting extra-financier pour mieux connaître l'impact environnemental des actifs financiers et en tenir compte pour désigner les titres privés qu'elle achète et ceux qu'elle accepte en garantie de ses prêts aux banques. C'est déjà en soi une petite révolution dans le monde de la politique monétaire. Elle a en outre annoncé le 4 juillet 2022 qu'elle allait « tenir compte du changement climatique dans ses achats d'obligations d'entreprises, son dispositif de garanties, ses exigences de déclaration et sa gestion des risques, conformément à son programme d'action pour le climat ».[37] Cette annonce est encourageante, mais pour le moment il n'est pas envisagé, au-delà des collatéraux exigés, de faire dépendre les conditions de refinancement de critères climatiques. Il est pourtant indispensable qu'elle intègre désormais ces critères dans l'ensemble de ses instruments (modulation des taux d'intérêt pour les opérations de refinancement des banques, refus de certains actifs ou décotes pénalisantes, exigences additionnelles de réserves obligatoires, etc.).

En outre, la BCE pourrait aussi agir pour libérer certaines contraintes qui pèsent actuellement sur les finances publiques, afin de réaliser les investissements massifs et urgents qui ne sont pas couverts par les marchés financiers privés, tels que les transports collectifs, le réaménagement urbain, la conversion agricole, ainsi que bien sûr l'accompagnement social des secteurs et des territoires affectés, les mesures d'adaptation climatique, etc.

Une telle intervention des banques centrales peut prendre plusieurs formes[38]. Par exemple, celle des taux à long terme préférentiels pour les crédits fléchés vers la transition écologique, sur le modèle des taux préférentiels fléchés aux prêts aux PME. La BCE pourrait aussi – mais cela obligerait probablement une modification de son mandat – proposer des prêts à très long terme (40 ans et plus) et des conditions préférentielles aux institutions financières publiques telles que la Banque Européenne d'Investissements, ainsi qu'aux banques publiques de développement dans les pays membres, en ouvrant des programmes de refinancement spécifiques. Dans le cadre des programmes spécifiques à destination du « Fonds de transition juste », elle devrait aussi contribuer à créer de nouveaux « tuyaux » de financement adaptés et sur mesure pour faciliter le financement de programmes préparés en commun par les

36 Wojtek Kalinowski & Stanislas Jourdan (2019), « Aligner la politique monétaire sur les objectifs climatiques de l'Union européenne », Note de l'Institut Veblen.

37 https://theconversation.com/politique-monetaire-verte-un-grand-pas-pour-la-bce-un-petit-pas-pour-le-climat-186686

38 Cette partie s'inspire largement de la partie 6 de la note suivante : Mathilde Dupré, Julien Hallak et Wojtek Kalinowski, « Pour une relance européenne fidèle au serment vert », Mai 2020, partie 6.

collectivités territoriales et les autorités nationales dans le cadre des « Plans de transition territoriale ».

Au-delà du refinancement des banques et des achats d'actifs sur les marchés financiers, les banques centrales pourraient aussi financer directement les investissements des États dans la transition écologique. Plusieurs options complémentaires – parfois présentées comme étant opposées – mériteraient d'être plus sérieusement explorées.

La première consiste à poursuivre l'expansion des mesures déjà prises par les banques centrales pour garantir un refinancement facile de la dette publique – ce qui revient à accepter de détenir une dette publique quasi-perpétuelle, qui pourrait devenir une dette « fondante » à condition de maintenir durablement les taux d'intérêt en dessous de l'inflation. Dans ce cadre, la mutualisation à l'échelle européenne constitue une étape importante qui permet de rapprocher l'ensemble des pays de la zone euro (voire de l'UE) des conditions dont profitent l'Allemagne et quelques autres États membres dans des situations similaires. Cette gestion d'une dette quasi-perpétuelle serait sans doute la solution la plus facile au sens où elle n'implique aucun changement de système, ni de négociation entre créanciers et débiteurs. Mais elle n'est pas nécessairement pérenne car elle dépend au niveau macroéconomique du prolongement des taux bas[39]. Elle repose ainsi à la fois sur un scénario de poursuite et de renforcement des actions de la BCE et des autres banques centrales et, au niveau politique, sur le pari que les règles du Pacte européen de stabilité budgétaire sont désormais dépassées. Or au sein de l'UE, la politique actuelle de la BCE ne manque déjà pas de susciter des controverses, notamment en Allemagne, pays dans lequel la plus haute juridiction a été saisie de ces questions.

C'est pourquoi plusieurs économistes recommandent de recourir plutôt à une annulation des dettes publiques, limitée à la dette détenue par les banques centrales ou même élargie aux créanciers privés. Laurence Scialom et Baptiste Bridonneau proposent, par exemple, une annulation partielle ou intégrale de la dette souveraine détenue par la BCE et les banques centrales membres de l'Eurosystème[40]. La BCE ferait définitivement don aux États du remboursement des titres en question, de sorte que la monnaie créée au moment de l'achat de ces titres sur les marchés secondaires ne serait jamais détruite. Comme le soulignent ces auteurs et d'autres[41], une telle annulation pourrait être calibrée de plusieurs façons selon l'objectif jugé

39 La remontée des taux en cours à l'été 2022 tend déjà à invalider cette option.

40 Voir les notes publiées en avril 2020 par Terra Nova de Laurence Scialom & Baptiste Bridonneau « Crise économique et écologique : osons des décisions de rupture » et « Des annulations de dette publique par la BCE : lançons le débat ».

41 Dufrêne N. et Grandjean A., « Annulation de la dette publique : possible juridiquement, nécessaire économiquement », *Alternatives Economiques*, 12 mai 2020.

prioritaire. Adossée à une conditionnalité écologique, elle garantirait que les marges de manœuvre ainsi dégagées soient utilisées pour financer la transition écologique et sociale.

Toutefois, si elles varient selon les États, les dettes détenues par les banques centrales ne constituent qu'une fraction des dettes publiques et leur annulation ne résoudrait dès lors pas à elle seule l'équation.

Par conséquent, se pose aussi la question d'un financement monétaire, c'est-à-dire des lignes de crédit ouvertes ou du rachat direct par la banque centrale des obligations émises par l'État au moment de leur émission, sans passage par les marchés financiers. Ce financement direct n'a jamais entièrement disparu des économies modernes. Au Royaume-Uni, une ligne de découvert existe depuis sa création en 1694 et elle a récemment été étendue dans le cadre de la lutte contre les effets de la crise climatique. Mais dans le cas de l'UE, si le plafond de détention de dette de chaque État a été relevé dans le cadre du récent programme PEPP au-delà de 33 %, le financement direct n'est pas permis par les traités. Et ce scénario apparaît politiquement très difficile à mettre en œuvre, avec un risque de désintégration désordonnée de la zone euro.

Pour contourner ces obstacles, la BCE pourrait recourir à de la « monnaie hélicoptère »[42]. Il ne s'agit pas ici d'une nouvelle forme de monnaie centrale, mais de distribution de la monnaie centrale afin de mieux la déverser dans l'économie, sans passer par les banques et les marchés financiers. Jézabel Couppey-Soubeyran propose ainsi de recourir aux transferts directs de monnaie par la banque centrale aux États, aux particuliers et même aux entreprises. Cette option suscite beaucoup de méfiance politique. Mais elle apparaît techniquement faisable, et au demeurant juridiquement possible à droit constant en ce qui concerne la monnaie hélicoptère destinée aux particuliers et aux entreprises. L'euro numérique, en projet, pourrait faciliter sa mise en œuvre et rendre possible, du fait de sa programmabilité, son fléchage vers des usages écologiques.

Pour ce qui concerne la monnaie hélicoptère à destination des États, cette façon de monétiser la dépense publique pourrait aussi être liée à des conditions écologiques comme dans le cas de l'annulation des dettes contractées antérieurement. Cette solution aurait l'avantage de supprimer les rentes non justifiées des banques et des marchés financiers qui achètent la dette pour la revendre aussitôt aux banques centrales. Et son volume ne serait pas limité par le stock de dette déjà détenu par les banques centrales ou au stock d'obligations en circulation sur les marchés financiers. Mais cette option (comme le financement direct des États par la banque centrale) se

42 Couppey-Soubeyran J., « La « monnaie hélicoptère » contre la dépression dans le sillage de la crise sanitaire », Note Veblen, Avril 2020.

heurte à l'article 123 du TFUE qui interdit aux banques centrales de l'Eurosystème d'apporter une assistance financière directe aux États de la zone euro. Cette option exigerait par conséquent un changement de traité.

Cette discussion sur les outils de la BCE montre la panoplie des outils et politiques envisageables, mais n'oublions pas qu'elle n'est pas transposable telle quelle. La zone euro est très intégrée économiquement – les pays membres de la zone échangent surtout entre eux – et elle réunit quelques-unes des principales puissances économiques et financières mondiales. Dans le cas des pays en développement – mais plus largement de toutes les « petites » économies très exposées aux échanges internationaux –, l'intervention d'une banque centrale nationale en faveur de la transition peut vite se heurter aux faiblesses de sa monnaie dans le système monétaire international, qu'il s'agisse du besoin d'accéder aux devises étrangères ou des attaques spéculatives contre sa monnaie. Par conséquent, l'action des banques centrales doit être coordonnée et soutenue par une coopération monétaire internationale, à commencer par une réforme des émissions de DTS évoquée plus haut.

Depuis la fin du système monétaire de Bretton Woods et l'avènement des changes flottants, les relations monétaires internationales sont dominées par l'instabilité des monnaies, et cette instabilité produit souvent des crises économiques et des tensions politiques. Aujourd'hui, le dollar garde sa place dominante dans les échanges internationaux, mais il pourrait se voir de plus en plus concurrencé par la montée en puissance de monnaies telles que l'euro et le yuan. Ce nouveau « polycentrisme » monétaire ouvrirait la possibilité d'une reconstruction du système monétaire international sur des bases nouvelles, plus régionales, et d'y intégrer les objectifs d'un Green New Deal à l'échelle de la planète et au profit des pays vulnérables.

Mettre des limites sociales et environnementales au commerce mondial

Les règles commerciales internationales et bilatérales constituent un autre obstacle majeur à la mise en œuvre d'un Green New Deal planétaire. Les concessions auxquelles ont consenti les États au nom de la promotion des échanges et des investissements limitent les marges de manœuvre des pays. C'est le cas pour les pays pauvres qui ne peuvent plus suivre les stratégies mises en œuvre par le passé avec succès par les pays développés pour protéger et promouvoir leurs industries naissantes. Mais c'est aussi désormais le cas pour l'ensemble des pays qui souhaitent répondre efficacement à la crise environnementale.

La sélection et le pilotage des investissements y compris étrangers, l'utilisation stratégique de la commande publique, le soutien aux secteurs clés de la transition, le partage des technologies propres et des médicaments pour lutter contre les pandémies ou encore l'obligation de respecter un certain nombre de standards sociaux et environnementaux dans les procédés de production pour accéder à un marché sont autant d'outils à mobiliser d'urgence, mais dont les États se sont en grande partie dépossédés, au gré des accords successifs de commerce et d'investissement. « La libéralisation des échanges est-elle allée trop loin ? », demandait déjà l'économiste Dani Rodrik en 2011. Plus de dix ans et plus d'une centaine de nouveaux accords bilatéraux de commerce plus tard, ne serait-il pas temps d'admettre collectivement que nous devons fixer des limites à la liberté d'échanger, et de revisiter les règles commerciales afin de les réencastrer dans des normes sociales et environnementales ?

L'Union européenne a beau prétendre, depuis plus d'une dizaine d'années maintenant, que sa politique commerciale serait compatible avec les engagements souscrits à l'échelle internationale en matière sociale et environnementale, elle peine à convaincre. Dans un article publié dans la Revue Politique étrangère[1], un groupe d'anciens négociateurs commerciaux écrivait en 2017 : « Toutes les autres politiques économiques internationales se sont fondues dans le creuset du développement durable (...). Seule la politique commerciale a résisté à cette mutation, multipliant les écrans de fumée, pour continuer à libéraliser comme un canard sans tête continue de courir »[43].

Pour ne donner qu'un exemple, des industriels produisent sur le territoire européen des pesticides interdits d'utilisation car jugés dangereux pour la santé ou l'environnement, qui sont destinés à l'exportation vers des pays tiers, notamment des pays en développement (Brésil, Argentine, Inde, Indonésie ou Kenya par exemple)[44]. Puis nous importons des denrées alimentaires qui ont été produites avec ces pesticides. Ce différentiel de norme alimente une concurrence déloyale entre les producteurs et incite à exporter les impacts nocifs de notre consommation sur les écosystèmes, la santé des producteurs et des communautés locales dans les pays étrangers[45]. Il contribue en outre à éroder les standards sanitaires et environnementaux européens avec une multiplication de dérogations nationales qui permettent de contourner les règles européennes d'interdiction des produits dangereux. Et il rend encore plus difficile le renforcement des règles actuelles, comme par exemple l'objectif d'atteindre une diminution de 50 % de l'utilisation des pesticides d'ici 2030. Or les accords de commerce actuels continuent d'encourager la libéralisation des échanges de pesticides dangereux ou de denrées agricoles traitées avec ces produits. Ils limitent en même temps la capacité des États à imposer

43 John Solal-Arouet et Denis Tersen (2017), « Trump et l'avenir de la politique commerciale européenne », *Politique étrangère*, Printemps 2017, IFRI. John Solal-Arouet est le pseudonyme d'un groupe d'experts ayant exercé des responsabilités en matière de commerce international.

44 Public Eye et Unearthed, Les géants de l'agrochimie gagnent des milliards grâce à des pesticides cancérogènes ou néfastes pour les abeilles, Février 2020 et Néonicotinoïdes L'UE exporte des milliers de tonnes de « tueurs d'abeilles » interdits sur son sol, Novembre 2021

45 Institut Veblen, FNH et Interbev, Mondialisation. Comment protéger nos agriculteurs et l'environnement ? Un règlement pour stopper les importations d'aliments issus de pratiques interdites dans l'UE, Mars 2021

pour les produits importés des standards de production équivalents à ceux qui s'appliquent pour les producteurs nationaux. La révision de ces règles est donc essentielle pour la mise en œuvre d'un Green New Deal européen et mondial.

La prise en compte de certains aspects de la politique commerciale dans le Green Deal européen constitue un premier aveu implicite du manque de cohérence actuel. Mais le diagnostic est tronqué dans la mesure où l'exercice consiste essentiellement à favoriser les effets positifs des accords de commerce sur l'environnement sans chercher à en atténuer les effets négatifs.

Les propositions de la Commission européenne se limitent essentiellement à trois mesures.

La première est l'instauration d'un mécanisme d'ajustement carbone aux frontières pour certains secteurs afin de réduire le risque de fuite de carbone, si les écarts entre les niveaux d'ambition des différents pays persistent. Cette proposition constitue un véritable serpent de mer dans le débat public. La mise en œuvre de cet instrument ne va pas sans poser de nombreuses difficultés techniques (de mesure du contenu carbone des produits ciblés), juridiques (de compatibilité avec les règles de l'OMC) et politiques (risque de mesures de rétorsion de la part des pays tiers). Sa principale utilité serait de créer les conditions nécessaires pour renforcer le niveau des contraintes qui pèsent sur les acteurs économiques pour réduire efficacement les émissions. Un tel rehaussement supposerait notamment de mettre fin à la distribution de quotas gratuits et d'introduire d'autres mesures susceptibles de renforcer la hausse du prix du carbone entamée en 2018 et que la pandémie a accéléré.

Pour convaincre les pays tiers du bien-fondé de cet instrument, il conviendrait aussi d'utiliser au moins une partie des recettes pour contribuer au financement d'initiatives de lutte contre le changement climatique dans les pays en développement. Or non seulement la proposition de la Commission européenne est encore loin de faire consensus au sein de l'UE, mais elle ne remplit pas toutes les conditions de succès citées ci-dessus. Quand bien même il verrait le jour, le mécanisme d'ajustement carbone aux frontières ne couvrira qu'une petite poignée de secteurs d'activité. Et il n'est donc pas de nature à résoudre l'ensemble des problèmes environnementaux et sociaux liés à la politique commerciale.

La seconde proposition, fortement soutenue par le gouvernement français, serait de faire l'accord de Paris sur le climat un élément essentiel des futurs accords de commerce. Si elle apparaît indispensable, sa portée réelle pourrait s'avérer relativement limitée. Pire, elle pourrait laisser penser qu'elle serait suffisante à rendre les nouveaux accords de commerce compatibles avec l'accord de Paris. Or une telle clause permettrait – au mieux – une suspension d'un accord de commerce en cas de retrait d'une partie de l'Accord de Paris ou de l'absence de dépôt d'une contribution à jour, sans égard pour les résultats concrets obtenus en matière de réduction des émissions de gaz à effet de serre.

Enfin, la Commission européenne a publié le 22 juin 2022 une communication au Parlement européen et au Conseil qui détaille sa nouvelle approche découlant du processus de réexamen de ses accords commerciaux lancé en juin 2021[46]. Pour la première fois, la Commission envisage des sanctions en cas de violation des normes sociales et environnementales détaillées dans les chapitres sur le développement durable des accords de libre-échange. Elle a également annoncé le 30 juin la conclusion d'un accord de libre-échange avec la Nouvelle Zélande qui intègre cette nouvelle approche. Toutefois, les sanctions ne sont envisagées qu'en dernier recours et la Commission ne prévoit pas d'inclure un mécanisme de plainte et de sanction dans tous ses accords commerciaux, mais prône au contraire une approche « sur mesure » pour chaque accord en fonction du partenaire commercial concerné.

En réalité, un arrêt de la Cour de Justice de l'UE rendu en 2017 sur l'accord UE-Singapour[47] souligne que l'UE dispose déjà du droit de suspendre un accord de commerce dans son ensemble en cas de non-respect du contenu du chapitre sur le développement durable ou lorsqu'elle constate une violation massive des droits humains. En pratique, cette option n'a jamais été envisagée sérieusement, d'une part en raison des termes trop vagues des clauses sociales et environnementales, d'autre part parce que la suspension de tout un accord de commerce apparaît comme une sanction beaucoup trop radicale.

Une solution plus efficace pourrait donc consister à insérer dans tous les accords de commerce en préparation des clauses spéciales détaillant les engagements de l'accord de Paris (ainsi que des autres accords internationaux) à respecter et définissant les sanctions graduelles en fonction de la gravité des violations constatées, de façon à pouvoir procéder à un déclenchement presque automatique des sanctions sans dépendre uniquement de la volonté politique des États parties[48].

L'adoption de mesures unilatérales pour un accès qualifié au marché européen serait un moyen autrement plus efficace pour promouvoir des règles internationales contraignantes en matière de respect des droits humains, des droits sociaux et de l'environnement. Cela pourrait passer notamment par des mesures miroirs dans le secteur agricole[49], le devoir de vigilance des multinationales et des règles strictes

46 https://ec.europa.eu/commission/presscorner/detail/fr/ip_22_3921

47 Voir le paragraphe 161 de l'avis 2/15, rendu le 16 mai 2017.

48 RAC France, FNH et Institut Veblen, « Intégrer l'Accord de Paris dans les accords commerciaux bilatéraux », 2018.

49 Institut Veblen, FNH et Interbev, « Mondialisation. Comment protéger nos agriculteurs et l'environnement ? Un règlement pour stopper l'importation d'aliments issus de pratiques interdites dans l'UE », mars 2021.

pour renforcer la traçabilité des produits et prévenir la déforestation importée.

Les accords existants devraient aussi être revisités pour redonner des marges de manœuvre aux États et mieux intégrer les défis sociaux et environnementaux. Cela pourrait passer notamment par la possibilité d'introduire de nouvelles restrictions commerciales pour les biens nocifs pour l'environnement ; un conditionnement de l'octroi d'avantages commerciaux au respect des critères de durabilité des produits, offrant ainsi des possibilités de suspension dans le cas contraire ; des exigences accrues de traçabilité sociale et environnementale tout au long de la chaîne de valeur ; la redéfinition de la notion de similarité des produits ; l'*élargi*ssement des clauses d'exceptions générales existantes, et une véritable protection du principe de précaution.

Dans le domaine du droit international de l'investissement, il convient aussi de rééquilibrer les droits et les devoirs qui pèsent sur les investisseurs internationaux. Les États devraient ainsi mettre fin à l'expansion de l'arbitrage d'investissement et supprimer les clauses relatives au mécanisme de règlement des différends entre investisseurs et États dans tous les accords de commerce ou de protection des investissements en vigueur. Toutes les politiques publiques – y compris les réponses exceptionnelles apportées par les États en réponse à la pandémie, à la crise économique ou à la crise écologique – risquent aujourd'hui de faire l'objet d'attaques de la part des investisseurs étrangers devant des tribunaux d'arbitrage privés et générer des compensations excessives payées par les contribuables au profit de ces investisseurs. Ce sont là des droits exorbitants qui ont été accordés aux investisseurs étrangers.

Les dangers aujourd'hui extrêmement bien documentés et l'absence de réelle justification économique de ce type de dispositif doivent inviter les États à remettre ce système à plat. Au sein de l'UE, nous pourrions commencer par mettre fin à la protection des investissements dans le secteur des énergies fossiles en sortant du Traité sur la Charte de l'énergie, qui a été le traité le plus utilisé dans des différends contre les États membres. En parallèle, l'adoption d'un traité contraignant sur les multinationales et les droits humains permettrait de fixer enfin des obligations pour les investisseurs en matière de normes sociales et environnementales.

Une telle réforme des règles commerciales ne pourra être initiée sans une véritable *démocratisation de la politique commerciale, y compris au sein de l'UE. Cela* implique de garantir la transparence et un réel contrôle démocratique tout au long des procédures de négociation et de la mise en œuvre des accords. Ce processus doit permettre de « remettre le commerce à sa place », c'est-à-dire assumer le principe que la mise en place de règles multilatérales contraignantes en matière de lutte contre le changement climatique, de protection de la biodiversité ou de respect des droits humains par les entreprises puisse avoir un impact sur les flux commerciaux. Et cela suppose en outre de faire primer la protection de l'environnement et des droits humains dans les enceintes de coopération internationale sur les normes et les standards. Tant mieux si l'harmonisation réglementaire bénéficie au commerce, mais cela doit rester un objectif de second rang par rapport à l'atteinte des objectifs fixés dans le cadre d'un Green New Deal planétaire.

Conclusion

Les défis à relever pour financer un Green Deal planétaire sont immenses. D'autant qu'il ne suffira évidemment pas d'aligner les milliards pour réussir la transformation de nos économies à la vitesse et à la profondeur nécessaires. Mais des pistes de travail sérieuses ont déjà été largement défrichées par la société civile et les chercheurs. Les plus prometteuses sont sans doute celles qui consistent à mobiliser des ressources domestiques et à augmenter les marges de manœuvre des États, car elles permettent d'investir dans des secteurs clés pour la transition et insuffisamment couverts par les marchés financiers. En outre, de nombreuses règles (budgétaires, monétaires, commerciales, etc.) doivent être revisitées pour permettre une mobilisation totale de nos économies dans cette entreprise. La période de fortes turbulences économiques que nous traversons en raison de la crise sanitaire puis de la guerre en Ukraine a déjà bousculé significativement les termes du débat économique et certaines des règles trop souvent considérées comme immuables. Saisissons cette opportunité pour aller plus loin dans la redéfinition des règles du jeu économique.

CHAPITRE 7

Transformer le commerce et le développement dans un monde post-Covid fracturé

Isabelle Durant

Le financement d'un Green New Deal dans un monde post-Covid fracturé pose la question de la réforme de l'architecture financière et commerciale internationale, et plus généralement du renforcement de la coopération multilatérale. Les défis posés par les pandémies, les changements climatiques, les inégalités mondiales et les conflits internationaux nécessitent des mesures globales. Ces réponses doivent prendre en compte les intérêts des pays en développement qui sont les plus vulnérables. Ce chapitre aborde les enjeux de la refondation du multilatéralisme en vue de disposer d'une architecture institutionnelle garantissant non seulement les moyens pour financer un Green New Deal planétaire, mais aussi le partage et la diffusion des outils et des technologies nécessaires à la reconstruction post-Covid – en particulier dans les pays en développement qui sont les moins armés pour s'adapter.

Le multilatéralisme dans tous ses états

On peut légitimement afficher un certain découragement face aux institutions multilatérales quant à leur capacité à s'attaquer rapidement et équitablement aux questions d'insécurité climatique et sanitaire. Les résultats mitigés de la COP26 et de l'initiative COVAX[1] nous le rappellent, une fois encore.

Ces questions appellent des réponses globales mais aussi de long terme. C'est une évidence largement partagée. Mais les autorités nationales sont trop souvent enfermées dans leurs agendas/intérêts/positionnements nationaux et la gestion d'une longue crise inédite à laquelle elles n'étaient absolument pas préparées renforce encore ce penchant. Certains gouvernements persistent à (faire) croire avec plus ou moins de bonne foi que l'enceinte nationale est prioritaire pour déterminer la voie à suivre. D'autres y ajoutent que leur souveraineté ne peut être contrariée par l'échelon supranational.

1 Mécanisme international crée par l'Alliance du vaccin (GAVI) avec l'Organisation Mondiale de la Santé, destiné à favoriser l'accès aux vaccins contre le Covid aux pays pauvres. COVAX espérait distribuer 2 milliards de doses à la fin 2021 et n'en n'a délivré que la moitié.

La pandémie est un puissant révélateur des déséquilibres mondiaux, mais aussi une terrible mise à l'épreuve du système multilatéral. Il avait pourtant cimenté ses digues au travers des Objectifs de développement durable unanimement adoptés par les Nations Unies en 2015. Mais comme 2015 paraît loin...

L'onde de choc économique et sociale de la pandémie les fragilise et retarde considérablement leur mise en œuvre. Dans les pays et pour les communautés les plus vulnérables, la pandémie a renforcé des inégalités déjà criantes, sacrifié des pans entiers de leurs économies insuffisamment solides et diversifiées. Elle amplifie leur surendettement et en pousse certains vers une crise alimentaire. Elle démontre de façon aussi limpide que brutale l'impérative nécessité d'une coopération internationale vu les interdépendances multiples. Une coopération qui pourtant trébuche sur la stratégie vaccinale, peine à réformer les règles du commerce international et fait du surplace sur les mesures climatiques et la sortie des énergies fossiles.

La lucidité et l'histoire sont cependant là pour nous rappeler que cette forme de coopération internationale, fondée sur la charte des Nations Unies, a été diversement investie par les uns et les autres au fil des 75 années de vie de l'organisation. En fait, elle a toujours été – et sans doute restera – autant une aspiration qu'une réalité.

Mais cette fois, les turbulences et les nouveaux désordres internationaux sont d'une nature nouvelle : la montée en puissance de la Chine qui a opté pour une domination plus économique et commerciale que politique, la Russie qui revient brutalement à l'avant-plan et ébranle toute la scène internationale, les États-Unis qui tentent de se remettre de l'ère Trump tout en en portant encore le poids, l'Union européenne qui cherche sa place dans ce nouveau paysage et tente de gérer ses tensions internes, la multiplication des conflits au Sud qui se développent à partir de questions sociales et identitaires auxquelles leurs institutions politiques, faibles ou affaiblies, ne peuvent faire face. Le continent africain s'affirme en tant que tel et met en route un processus d'intégration commerciale.

Dans ce nouveau contexte, même si la distinction géographique entre les hémisphères ne traduit plus les réalités économiques et de qualité de vie, les traditionnelles relations Nord-Sud entre pays se tendent et se polarisent. Le traitement et les moyens qui ont été dégagés par les pays occidentaux et les institutions financières internationales en soutien à l'Ukraine et à ses populations déplacées n'ont fait que renforcer le ressentiment de bon nombre de pays du Sud qui constatent un double standard. Par ailleurs, la peur bien compréhensible de perdre les préférences commerciales et financières que leur confèrent les différentes typologies dans lesquelles les organisations internationales les ont classés ne les pousse pas à bouger. Des typologies fondées sur des paramètres tels que notamment les niveaux de revenus ou le PIB qui ne reflètent pas les enjeux déterminants pour le développement que sont le capital naturel, les impacts du changement climatique et la perte de biodiversité, l'état de préparation à l'économie numérique, les capacités productives, le capital humain et l'intégration des femmes dans l'économie productive ou l'économie du *care*.

La coopération Sud-Sud et triangulaire permet des formes innovantes d'échange de connaissance et d'expérience, de transfert de technologie ou d'intervention d'urgence. Le commerce Sud-Sud représente en outre plus du quart du commerce mondial. Mais soyons lucides : cette forme plus récente de partenariat n'échappe cependant pas à certains rapports de domination. En tout état de cause, elle ne peut être que complémentaire à la coopération Nord-Sud.

D'un point de vue plus systémique, les interconnexions et les interdépendances entre ces crises climatiques, sécuritaires, sanitaires et économiques que les institutions multilatérales peinaient à enrayer avant même la pandémie, ont aussi instillé une bonne dose de défiance ou à tout le moins de désengagement vis-à-vis des institutions multilatérales. Une attitude qui se révèle aussi schizophrénique qu'injuste.

D'abord parce que l'état du multilatéralisme est celui dans lequel le mettent les États. Ensuite parce que le traiter de la sorte, c'est faire l'impasse sur une série de succès et de batailles contre des fléaux bien concrets gagnés par l'OMS, l'UNICEF, le HCR ou d'autres acteurs du système. C'est ignorer le multilatéralisme « qui ne se voit pas », celui qui pas à pas, centimètre par centimètre à Genève, à Addis Ababa, à Santiago de Chili, à Bangkok ou ailleurs, via un dialogue pas toujours facile mais fécond entre États et acteurs, produit du consensus, des instruments, des analyses, des normes ou préfigurations de normes.

Il n'en reste pas moins que les institutions multilatérales ne sont plus les garantes d'un contrat social qui d'ailleurs devrait être profondément revisité. Les générations présentes le demandent et les générations futures le méritent. Un tel contrat implique de nouveaux paradigmes et instruments en matière de développement. Dans un contexte terriblement fragmenté et en raison de la décennie perdue en termes de résultats des politiques de développement, de diversification et de transformation structurelle des économies du Sud, c'est aussi urgent que périlleux.

L'aggiornamento européen dans un monde en mutation

Même si l'Europe reste incontestablement pour beaucoup au Sud – et singulièrement en Afrique – un phare, un modèle, voire un Eden pour des millions de migrants, le narratif européen n'est plus aussi convaincant au Sud. L'Europe est certes le plus important donateur en matière de coopération au développement et demeure – encore – une importante puissance économique et, en tout cas, un marché de

450 millions de consommateurs. Mais les outils et les conditions pour y avoir accès, qu'il s'agisse de mesures phytosanitaires, environnementales ou de sobriété carbone, ou encore en termes de droits humains sont de plus en plus souvent considérés par les pays partenaires comme une forme de protectionnisme, de néocolonialisme déguisé ou d'ingérence politique dont les dispensent d'autres partenaires dans la coopération Sud-Sud.

Au sein même du débat européen, même si c'est dans une ampleur variable, le national-populisme gagne du terrain dans nombre de pays et dépenser l'argent des contribuables hors du territoire national suscite un scepticisme croissant. On est loin de l'objectif de mobiliser 0,7 % du RNB des pays riches en aide publique au développement… Pour convaincre de l'intérêt de l'aide au développement, les donateurs ont changé leur communication sur le développement en tentant de démontrer plus explicitement que les investissements à l'extérieur peuvent servir les intérêts nationaux, y compris contenir les mouvements migratoires. La coopération internationale vise de plus en plus à créer des situations « gagnant-gagnant » qui bénéficient à chacune des parties, mais les pays en développement continuent d'attendre un « juste échange » et un soutien substantiel à l'adaptation climatique.

Turbulences multilatérales

Observer le processus multilatéral peut parfois donner l'impression d'une machine qui tourne à vide. Surtout quand certains se défaussent, quand l'adhésion effective aux valeurs se dilue insidieusement voire se perd, quand la volonté de dominer l'emporte sur celle de coopérer, quand l'appareil bureaucratique refroidit les ardeurs, quand le rituel l'emporte sur le fond.

Mais en définitive, que sait-on de la complexité de ce dialogue multilatéral dont on ne voit que le résultat jugé insuffisant, les formes très convenues, la seule dramaturgie ou encore l'échec patent à résoudre les conflits meurtriers et à restaurer la paix ? Son intensité est proportionnelle au nombre de parties à la discussion. Elle reste le langage commun entre les cultures politiques et les cultures tout court. Elle offre de la sécurité aux plus petites délégations, souvent moins bien équipées. Elle les protège quelque peu contre les dominants. Elle contribue à faire cohabiter et se parler des frères ennemis, des représentants de pays en conflit, en compétition sur l'un ou l'autre plan. Et dans le secteur du développement, elle fait travailler ensemble « donateurs » et « bénéficiaires ». Elle permet de lever certaines exclusives, de fabriquer du consensus sans pour autant nier les divergences. C'est là que le talent de certains diplomates ou facilitateurs peut faire la différence quand il faut briser les stéréotypes politiques, comprendre et dépasser les agendas – réels ou supposés – des uns et des autres sans renverser la table.

Ce dialogue formel en génère bien d'autres dans ses marges : élus à divers échelons, staff des organisations internationales ou du monde académique, acteurs de la société civile. Ils ne négocient pas nécessairement de grands accords, mais pratiquent l'action multilatérale sans nécessairement s'en revendiquer. Ce cadre onusien et la charte qui le sous-tend donnent de la légitimité et de la force aux réseaux thématiques ou régionaux qui s'y nouent, aux fils souvent invisibles qui s'y tissent.

Quand c'est sous l'égide des Nations Unies qu'une coopération entre plusieurs grands ports européens et de pays en développement se met en place et que la formation des managers est dispensée par les uns aux autres, la compétition qui fait rage entre les grands joueurs ou leur appétit à prendre en gestion ou à racheter des ports stratégiquement situés s'efface au profit d'un échange, y compris parfois sur des données sensibles.

Quand c'est sous l'égide des Nations Unies que des entreprises de plusieurs secteurs s'associent pour lutter contre le commerce illicite des espèces et toutes les dérives sociales et environnementales qui en découlent, leur responsabilité sociale prend corps. La coopération a alors quelques chances de supplanter le lobbying pur et simple en faveur d'intérêts privés.

Quand c'est sous l'égide des Nations Unies qu'on construit avec un État partenaire un guichet unique en « open source » et sur mesure pour son administration des douanes, du commerce ou de l'économie, aucune dépendance ne s'installe entre un gouvernement et une entreprise privée ou un distributeur de services informatiques.

Un changement de méthode

Au milieu des turbulences qui le secouent ou cherchent à l'anéantir, il ne faudrait donc pas oublier ces coopérations et projets qui certes n'apaisent pas nécessairement les multiples colères, ne changent pas immédiatement le monde, mais le fait avancer – légèrement et parfois seulement sectoriellement – du bon côté de l'histoire. Peut-être même que ces coopérations très concrètes constituent les visages les plus prometteurs du multilatéralisme, surtout si cela s'accompagne d'un changement de méthode. Car au-delà des représentants des gouvernements, diplomates et autres experts, la méthode de consultation et d'association mériterait elle aussi d'être revisitée pour s'adapter à ce monde en réseaux et à la force qu'ils représentent. Impliquer dès le départ de la négociation les acteurs les plus directement concernés par les textes et décisions, impliquer en amont les régions au sens des régions et sous-régions du monde, mais aussi les territoires régionaux, les villes et les maires ou intégrer la dimension des générations futures et les nouvelles formes d'engagement citoyen pourrait être d'un précieux secours.

La boîte à outils du financement du Green New Deal

Financer un Green New Deal, c'est une équation compliquée qui ne peut se résumer à un chiffre. Elle ne peut se construire qu'en attaquant de front les tendances à l'œuvre dans l'économie globale qui affectent les ressources disponibles pour financer une transition écologique et économique juste et durable. Elles sont connues et de divers ordres : inégalités croissantes entre et au sein des pays, renforcées par les conséquences de la pandémie, crises financières et érosion des dépenses publiques en raison des ajustements structurels et des politiques d'austérité qui ont suivi la crise financière de 2008, insuffisance de l'investissement productif en raison d'une financiarisation extrême de l'économie ouvrant la voie aux investissements spéculatifs, dettes insoutenables aboutissant pour nombre de pays à dépenser plus pour le service de la dette que pour les services de santé !

Dans ce contexte, la régulation des marchés financiers, une profonde refonte de l'architecture financière internationale et une recapitalisation des banques de développement seront cruciales pour soutenir la transition écologique. C'est aussi une question de règles et d'encadrement des outils anciens et nouveaux : subsides, taxes, technologies pour l'adaptation climatique, licences, brevets et propriété intellectuelle pour n'en citer que quelques-unes.

En outre, un Green New Deal appelle un coup d'accélérateur coordonné en matière d'investissements orientés vers la décarbonisation de l'économie, en intégrant le principe de « responsabilité commune mais différenciée », concept inclus dans l'accord de Paris mais interprété de diverses manières.

De telles décisions doivent être encouragées et encadrées au niveau international pour assurer le transfert des technologies nécessaires et éviter le conflit entre développement et objectifs environnementaux.

Il n'y aura pas de transition écologique si elle n'est pas socialement juste et si elle ne sert pas un projet de développement et de transformation structurelle des économies du Sud. C'est pourquoi au-delà des montants à y consacrer, ce sont aussi les politiques de développement, les outils et politiques directs et indirects intégrant pleinement cette composante climatique qu'il faut orienter, adapter, réinventer.

Le Fonds vert

Le Fonds vert pour le climat devait disposer et donc être alimenté à hauteur de minimum 100 milliards de dollars par an à partir de 2020. Tel était l'engagement pris à Copenhague en 2010. Plus d'une décennie plus tard, on n'y est pas encore et certainement pas en termes de décaissement. De plus, une partie significative des montants octroyés le sont sous forme de prêts ou de garanties. En outre, les sommes dégagées, même très inégalement, dans le contexte de la pandémie et de la guerre en Ukraine rendent le financement de l'adaptation des pays en développement encore un peu plus difficile. C'est en effet l'une des questions qui était au centre de la COP26 à Glasgow.

Il a été prévu que l'éligibilité à ce fonds intègre les besoins spécifiques des pays en développement qui sont particulièrement impactés par le dérèglement climatique (surtout dans les zones subtropicales et dans les petits États insulaires). Dans la pratique pourtant, la majorité des montants est affectée à des projets d'atténuation des émissions et beaucoup trop peu à l'adaptation des infrastructures et outils de production. Cela alors même que les effets de la pandémie sur les économies du Sud ont encore réduit les marges budgétaires dont ils disposent pour faire face à cette adaptation.

Enfin, il s'agit aussi que ces pays puissent élaborer des projets d'adaptation qui soient rentables, durables et inscrits dans leurs contextes spécifiques nationaux et régionaux : comment l'adaptation tient-elle compte de l'évolution démographique, d'éventuelles situations de (post) conflit, de l'état de la biodiversité et/ou de la désertification, de l'accès à l'eau et à l'électricité, de la qualité des infrastructures en général et des infrastructures de production, ou encore de la diversification économique ?

Les standards et autres mesures non tarifaires

À proprement parler, ces mesures non tarifaires sont des mesures commerciales destinées à limiter les importations et les exportations d'un pays, voire d'un continent. Il ne s'agit pas d'une interdiction dans le sens strict du terme, mais plutôt de critères hautement dissuasifs ou encore de conditions spécifiques pour respecter une réglementation. Elles sont encadrées par l'Organisation mondiale du commerce et le GATT (*General Agreement on Tariffs and Trade*). Au-delà des quotas, licences, critères phytosanitaires ou règles d'origine, certaines mesures non tarifaires peuvent contribuer (ou pas) à l'import-export de produits à faible teneur en carbone. Elles constituent pour le pays qui les édicte un gage de fiabilité vis-à-vis des consommateurs et peuvent entrer dans la stratégie de décarbonisation du pays. C'est ici qu'intervient la distinction difficile entre protection et protectionnisme.

Mais ces mesures ouvrant l'accès au marché ont aussi un coût pour les producteurs en termes de certification et de contrôle. Il en va de même pour les normes durables volontaires et autres écolabels très appréciés par un nombre toujours plus grand de consommateurs prêts à payer un prix premium pour encourager une production durable. Pour les PME du Sud qui constituent les plus petits et souvent derniers maillons des chaînes de valeur, ce coût peut se transformer *de facto* en impossibilité d'accès au marché.

C'est pourquoi les mesures visant à rendre les chaînes de valeur mondiales plus durables doivent s'accompagner d'un traitement spécial et différencié pour les pays en développement et du financement du renforcement des capacités des producteurs du Sud.

Plus généralement, les règles du commerce mondial doivent garantir les marges de manœuvre politiques (*policy space*) dont ont besoin les pays en développement pour mettre en œuvre des politiques commerciales cohérentes avec leurs stratégies de développement durable[2].

Les systèmes de préférence

Le principe du système des préférences généralisées est une facilité non réciproque octroyée par certains pays développés aux pays en développement pour leur permettre de tirer profit du commerce international. En fonction des conditions établies par le pays qui en décide, elles peuvent devenir des leviers pour une production plus durable, moins carbonée. Mais tout comme les mesures non tarifaires, ces systèmes peuvent aussi devenir, s'ils ne prennent pas en compte les intérêts des pays en développement, des machines à exclure les producteurs incapables de financer l'adaptation de leur chaîne de production à ces conditions.

L'ajustement carbone aux frontières

Dans le cadre de son Green Deal, l'Union européenne prépare un instrument d'ajustement carbone aux frontières, afin de pallier les « fuites de carbone », c'est-à-dire la possibilité pour les entreprises de délocaliser leur production vers des pays moins exigeants en termes d'émissions. En fonction du prix de la tonne de carbone et des secteurs qui seront soumis à cette taxe carbone, les effets sont variables sur les pays en développement producteurs. Il va de soi que les pays les moins avancés sont peu concernés car peu producteurs dans les secteurs significatifs et fortement émetteurs (acier, ciment). Cela ne les empêche pourtant pas de considérer, ainsi d'ailleurs que beaucoup de pays du Sud, que cette taxation carbone représente une menace pour leurs économies et s'apparente à une approche avant tout protectionniste.

Même si ce projet doit encore obtenir le feu vert de l'OMC (ce qu'on impose aux importateurs doit être équivalent à ce qui est imposé à la production domestique), il est en tout état de cause important que l'Union européenne puisse démontrer le contraire de cette assertion en prenant par exemple en considération l'affectation d'une partie des revenus de cette taxe pour soutenir l'accélération des productions propres dans les

2 CNUCED, *Trade and Development Report 2006. Global Partnership and National Policies for Development*, Nations Unies, 2006.

pays en développement – en alimentant par exemple le Fonds vert pour le climat. Cela permettrait de faire de l'ajustement carbone un véritable instrument de coopération climatique multilatérale pour atteindre la neutralité carbone à l'échelle mondiale, plutôt qu'un simple instrument commercial et budgétaire visant à préserver la compétitivité des entreprises européennes et à financer le budget de l'UE.

La dépendance aux produits de base

D'un point de vue général, on considère qu'il y a dépendance des exportations des pays en développement vis-à-vis des produits de base (agricoles, miniers et combustibles non transformés) quand ils représentent plus de 60 % de leurs exportations. Cette dépendance les rend plus vulnérables aux chocs économiques et en particulier à la volatilité des prix qui sont fixés sur les marchés internationaux. Plus de huit pays africains sur dix sont dépendants des matières premières[3].

Les produits de base sont à la fois causes et victimes du changement climatique. D'une part, leur production et leur consommation sont parmi les sources principales d'émissions anthropiques de gaz à effet de serre, mais d'autre part, le changement climatique affecte ces secteurs, fragilisant de la sorte les économies et les populations qui en dépendent trop exclusivement.

Par ailleurs, de nouvelles ressources de base et matériaux rares sont et seront de plus en plus importantes dans la lutte contre le changement climatique. La demande en minéraux spécifiques générée par les technologies propres telles que les panneaux photovoltaïques, les éoliennes et les batteries peut constituer une opportunité pour les pays producteurs de ces minéraux, à la condition que ce secteur soit socialement et économiquement régulé, transparent et soutenu en termes de capacités techniques.

Un nouveau produit de base s'invite également dans ce débat. Il s'agit des données qui alimentent l'économie numérique et dont les flux transfrontaliers augmentent de façon exponentielle. Les pays en développement, mal équipés pour en tirer un bénéfice pour leur développement, sont aujourd'hui les pourvoyeurs de données aux grandes plateformes qui les transforment et les (leur) revendent sous forme d'intelligence artificielle. La régulation de ces flux doit se construire et s'opérer à l'échelle internationale, en partant du principe qu'elles constituent un nouveau bien commun. En outre, toutes ces transactions électroniques en fulgurante augmentation ont également un coût environnemental et climatique dont il est urgent qu'il soit pris en considération dans les usages.

---

3 CNUCED, *Rethinking the Foundations of Export Diversification in Africa. The Catalytic Role of Business and Financial Services*, Economic Development in Africa Report 2022, juillet 2022.

Quant à la forte dépendance à certains produits tels que les engrais, les céréales, le pétrole et le gaz, la guerre en Ukraine et ses conséquences démontrent à quel point la souveraineté sur les produits essentiels, l'indépendance énergétique vis-à-vis des énergies fossiles, la souveraineté alimentaire et la diversification sont clés en matière de développement durable[4].

Des chaînes de valeur à reconsidérer pour des circuits plus courts

Si l'on considère leur longueur, leur fragmentation, la distribution géographique de la valeur ajoutée ou leur mode de gouvernance et leur degré d'internalisation, on peut avoir une lecture plus précise de ce que devraient être des chaînes de valeur plus durables, plus sobres en carbone et plus redistributives. Diverses tendances ont transformé les chaînes de valeur ces dernières décennies et la pandémie les a renforcées.

Pour des raisons différentes et dans une ampleur variable, les circuits courts et le rapprochement entre le producteur et le consommateur ont gagné des parts de marché un peu partout dans le monde. La tendance à l'intégration régionale confirme cette évolution. Par ailleurs, la révolution industrielle 4.0., la robotisation, l'intelligence artificielle et la digitalisation en général ont conduit à certaines relocalisations de la production, en particulier là où l'écosystème s'y prête en termes de compétences et de mesures de soutien.

Les évolutions en matière de politiques économiques ont également compté et compteront dans les prochaines années. Parmi elles, pointons l'interventionnisme national (ou régional), le protectionnisme en matière d'investissement, de commerce et la primauté donnée aux accords commerciaux bilatéraux. Il est tout aussi clair que les enjeux climatiques et de durabilité et les mesures réglementaires, la transformation des processus et des produits, la logistique et le transport pour l'approvisionnement, ainsi que les coûts énergétiques auront un impact sur ces chaînes de valeur. Considérant ces évolutions, leur combinaison aboutira à des chaînes de valeur plus régionales et plus diversifiées.

Conclusion

En conclusion, le financement d'un Green New Deal pour la reconstruction post-Covid pose en réalité toute la question du financement du développement, dont la dimension environnementale et climatique – ainsi que l'état de préparation à une pandémie – doit devenir centrale.

---

4 *UN Global Crisis Response Group on Food, Energy and Finance*, « Global impact of the war in Ukraine: Billions of people face the greatest cost-of-living crisis in a generation », Nations Unies, 8 juin 2022.

La manière dont sera traitée à court terme la question de la dette des pays en développement et plus particulièrement les droits de tirage spéciaux et les facilités que le FMI a mis en place – et pourquoi pas à terme des droits de tirage spéciaux environnementaux ? – sera déterminante. Une révision en profondeur de l'architecture financière internationale a elle aussi une importance cruciale et ne deviendra possible que si la voix des pays en développement se fait entendre dans toutes les enceintes internationales, comme le G20 dont il sera intéressant d'observer les résultats au regard de ce que les prochaines présidences, dans les mains de pays du Sud, réussiront à mettre à l'agenda.

La capacité qu'auront les membres de l'Organisation mondiale du commerce d'intégrer les questions environnementales, sociales, digitales et de genre dans les règles du commerce international sera elle aussi une des conditions pour des échanges commerciaux plus justes.

Comme développé plus haut, si la question des moyens est fondamentale, celle des outils, des compétences, des transferts de technologies qui contribueront à l'adaptation du commerce et du développement avec un réchauffement planétaire de + 1,5 ou + 2 °C l'est tout autant. En particulier pour les pays les plus affectés mais les moins préparés à ces enjeux.

Ce qui est vrai pour la crise sanitaire l'est pour la crise climatique. Il n'y aura pas de maîtrise de l'évolution climatique et de ses conséquences sans mesures globales. C'est le défi le plus urgent qui nous oblige, en dépit de ses insuffisances, à rester solidement accrochés, à expliquer, à investir, à adapter la coopération multilatérale aux enjeux du siècle.

CONCLUSION

Faire de la polycrise mondiale une opportunité pour un Green New Deal planétaire

Arnaud Zacharie

L'histoire des grandes pandémies nous enseigne qu'elles sont susceptibles d'accompagner des ruptures historiques. Il se pourrait que cela soit le cas de la pandémie de Covid-19. Elle a en effet provoqué un choc mondial aux conséquences multiples. Elle a amplifié les déséquilibres existants et entraîné des ruptures qui pourraient favoriser de grands bouleversements.

Près de trois ans après l'identification du virus en Chine, les sociétés humaines sont aux prises avec une polycrise mondiale qui remet en cause le modèle de développement insoutenable et inégalitaire qui a prévalu au cours des dernières décennies. La multiplication des variants dans un contexte d'inégalité vaccinale, l'augmentation des inondations et des sécheresses causées par les dérèglements climatiques, l'accumulation de dettes publiques et privées et de bulles spéculatives dans un contexte d'instabilité financière croissante, les risques de pénuries causés par les goulots d'étranglement dans les chaînes de valeur mondiales et par la guerre en Ukraine, la flambée des prix qui nourrit la crise sociale dans un contexte d'inflation galopante, la faiblesse de la productivité et les pressions récessives dans un contexte de durcissement monétaire et de ralentissement économique mondial, la fragmentation des relations internationales ou encore la défiance croissante des gouvernés envers leurs gouvernants sont autant de symptômes d'un modèle de développement à bout de souffle.

C'est pourquoi il faut tirer les leçons de cette polycrise mondiale pour en faire une opportunité de reconstruire le monde post-Covid sur des bases justes et durables.

La leçon la plus évidente à tirer de la crise du Grand Confinement est que l'économie ne peut pas fonctionner normalement sans sécurité sanitaire mondiale. Autrement dit, le droit universel à la santé est une condition *sine qua non* de la prospérité économique. Considérer les dépenses de santé comme une variable d'ajustement budgétaire mène donc à une impasse économique. Or les systèmes de santé, déjà mis sous pression depuis des années, sortent éreintés de la pandémie de Covid-19. Les évolutions démographiques indiquent pourtant que les besoins de santé vont être croissants au cours des prochaines décennies. La diminution des taux de fertilité et l'augmentation de l'espérance de vie entraînent le vieillissement rapide des populations des pays développés et émergents – en particulier en Europe, en Amérique du Nord et en Asie orientale. La demande croissante de soins de santé découlant de ce vieillissement implique de mobiliser des budgets suffisants et de disposer du personnel nécessaire pour y répondre[1].

Une autre leçon évidente est que l'économie dépend de la nature et de ses limites. Dans les deux premiers chapitres, Emmanuel André et Jean-Pascal van Ypersele soulignent combien l'ère des pandémies et des dérèglements climatiques a pour facteur commun la destruction de l'environnement par un modèle de développement insoutenable. Les pandémies comme le changement climatique posent en outre la question fondamentale de l'habitabilité de la planète ; un virus virulent et des températures extrêmes peuvent rendre l'environnement inadapté à la vie sociale ou humaine. Ceux qui présentent la pandémie de Covid-19 ou les catastrophes climatiques comme des « chocs exogènes » n'ont pas pris la mesure de l'enchâssement de l'économie dans les lois de la nature. Lorsque cette dernière réagit aux effets de sa surexploitation, il n'y a pas d'autre choix que de s'y adapter et de réparer les coûteux dégâts. C'est pourquoi la préservation d'un monde habitable doit être au cœur de la reconstruction écologique et sociale post-Covid. Cela implique d'instaurer un modèle de développement qui respecte les limites planétaires et préserve les écosystèmes.

Une troisième leçon évidente est qu'en cas de crise, des systèmes de protection sociale performants permettent d'amortir les chocs. Or la majorité de l'humanité n'y a pas accès, et là où ils existent, ils continuent d'être présentés par les forces conservatrices et néolibérales comme un poids budgétaire qui pèse démesurément sur les finances publiques et la compétitivité. Pourtant, comme le démontre Olivier De Schutter dans le chapitre 3, la protection sociale n'a pas seulement un effet positif sur la réduction des inégalités et de la pauvreté, mais aussi sur l'efficacité économique et la diminution de l'empreinte écologique. La mondialisation de la protection sociale devrait dès lors être un objectif prioritaire de la reconstruction post-Covid. Cela implique de conclure un nouveau pacte social fondé sur la justice fiscale.

Une autre leçon importante concerne les fragilités des chaînes de valeur mondiales sur lesquelles repose le système mondial de production. Le « Just-in-Time » fondé sur des chaînes de production complexes, opaques et tendues ne permet pas de réduire les coûts dans un environnement instable et imprévisible. Les goulots d'étranglement entraînent au contraire une augmentation des prix et des ruptures d'approvisionnement à l'origine de l'accélération de l'inflation. La dépendance envers un petit nombre

1 Kotschy R. et Bloom D, « Reckoning with the growing demand for long-term care », VOX EU/CEPR, 25 mai 2022.

de fournisseurs en situation de quasi-monopole pour les différents segments des chaînes de valeur se révèle un puissant facteur de vulnérabilité économique. En outre, l'opacité des chaînes de production et les sous-traitances en cascade favorisent la course au moins-disant social et environnemental. La réorganisation complète des systèmes de production est par conséquent un enjeu majeur de la reconstruction post-Covid. Des chaînes de production plus transparentes, plus diversifiées et plus courtes permettraient de garantir la sécurité d'approvisionnement. Mais comme le souligne Mathilde Dupré dans le chapitre VI, l'enjeu consiste également à transformer ces chaînes de valeur dans le cadre d'une transition vers des modes de production durables, à travers l'imposition à toutes les entreprises d'un devoir de vigilance et de normes sociales et environnementales contraignantes. Autrement dit, la reconstruction post-Covid ne pourra pas faire l'épargne d'une reconfiguration de la mondialisation.

Une leçon du même type peut être tirée pour la réorganisation du système agricole et alimentaire mondial. La pandémie, les sécheresses et la guerre en Ukraine ont provoqué des problèmes d'approvisionnement et entraîné une flambée des prix qui a plongé des dizaines de millions de personnes dans l'insécurité alimentaire. L'indice des prix des produits alimentaires de la FAO (*Food and Agriculture Organisation)* a augmenté de 33 % entre mars 2021 et mars 2022, atteignant son plus haut niveau jamais enregistré en mars 2022, à la suite de la guerre en Ukraine qui a exacerbé les problèmes d'approvisionnement[2]. La hausse des prix alimentaires affecte de manière disproportionnée les plus pauvres, car ils dépensent une part plus importante de leurs faibles revenus pour se nourrir. En moyenne, la part de l'alimentation dans les dépenses totales des ménages atteint 40 % en Afrique subsaharienne, contre 17 % dans les pays riches[3]. Les pays en développement qui dépendent des importations alimentaires sont très vulnérables à la volatilité des prix. Le système agro-industriel est par ailleurs insoutenable, car l'agriculture, bien que très vulnérable au changement climatique, est responsable du quart des émissions mondiales de gaz à effet de serre et de la dégradation des sols et de la biodiversité[4]. Par conséquent, le double argument de la sécurité alimentaire et du respect de l'environnement justifie de promouvoir la souveraineté alimentaire des pays en développement, en favorisant l'augmentation de leur production vivrière destinée à leur population, et de privilégier les pratiques agroécologiques, afin d'être en mesure de nourrir la population mondiale selon des pratiques agricoles durables[5] – d'autant que la conjonction de l'élevage intensif, de la destruction de la biodiversité et du changement climatique rend les so-

2 https://www.fao.org/newsroom/detail/fao-food-price-index-posts-significant-leap-in-march/fr

3 https://blogs.imf.org/2022/03/16/war-fueled-surge-in-food-prices-to-hit-poorer-nations-hardest/

4 GIEC, « Changements climatiques et terres émergées », Résumé à l'intention des décideurs, OMM/PNUE, 2020.

5 Dufumier M. et Le Naire O., *L'agroécologie peut nous sauver*, Actes Sud, 2019.

ciétés humaines plus vulnérables aux pandémies, comme l'explique Emmanuel André dans le chapitre 1.

Le double argument de la transition écologique et de la sécurité d'approvisionnement s'applique également à l'enjeu énergétique – qui ne représente pas le moindre défi de la reconstruction post-Covid. La flambée des prix des énergies fossiles et les risques de pénuries en cas d'interruption des livraisons de gaz russe ont rendu l'Union européenne extrêmement vulnérable. Elle a imprudemment libéralisé le marché du gaz sans imposer des stocks stratégiques ni de règles assurant la sécurité d'approvisionnement en cas de crise, alors qu'elle dépendait à 40 % des importations de gaz russe. Les prix élevés étranglent financièrement les ménages des classes moyennes et populaires qui étaient déjà précarisés et les gouvernements doivent envisager des rationnements en parant au plus pressé pour trouver des alternatives à court terme. Il en résulte que les arguments du coût social et de l'insécurité d'approvisionnement engendrés par la dépendance aux énergies fossiles s'ajoutent à celui de la lutte contre le changement climatique pour justifier l'accélération de la transition vers des énergies renouvelables – qui présentent des avantages aussi bien en termes d'autonomie d'approvisionnement et de prix[6] qu'en termes d'empreinte carbone. Autrement dit, le déploiement des énergies renouvelables n'est plus seulement justifié pour son effet positif sur la diminution des émissions de gaz à effet de serre, mais aussi sur la réduction de la facture énergétique et de l'insécurité d'approvisionnement.

Tirer les leçons de la dépendance aux énergies fossiles implique toutefois de ne pas reproduire le même schéma pour les métaux nécessaires à la transition énergétique dont la demande va fortement augmenter – comme le cobalt, le lithium et le nickel pour les batteries des voitures électriques, le silicium, le zinc et l'aluminium pour les panneaux solaires ou les métaux rares pour les éoliennes[7]. Cela implique de développer l'économie circulaire pour recycler et réutiliser les métaux, de diversifier les fournisseurs, d'utiliser des ressources alternatives (comme les batteries sodium-ion plutôt que lithium-ion ou les batteries LFP qui utilisent du phosphate de fer à la place du cobalt pour les voitures électriques), voire d'ouvrir en Europe des mines et des raffineries respectant les normes sociales et environnementales[8].

La dépendance énergétique met en outre en lumière l'importance de l'efficacité et de la sobriété énergétiques. L'énergie qui n'est pas consommée n'est pas à produire ni à importer. La baisse de la demande permet de réduire à la fois les émissions de CO_2, la facture des consommateurs et la dépendance aux importations. Pour se passer du gaz russe à suffisamment court terme, l'Union européenne aurait besoin de déployer les

6 Agence international de l'énergie, *World Energy Investment 2022*, IEA, juin 2022.

7 Gregoir L., « Metals for clean energy. Pathways to solve Europe's raw materials challenge », KU Leuven, avril 2022.

8 Pitron G., *La guerre des métaux rares. La face cachée de la transition énergétique et numérique*, LLL, 2018.

énergies renouvelables et de recourir à des sources alternatives d'énergie, mais aussi d'améliorer l'efficacité et la sobriété énergétiques pour réduire la demande d'environ 15 %[9]. C'est pourquoi l'Agence internationale de l'énergie (AIE) a publié un plan en dix points[10] qui propose plusieurs mesures visant à réduire la demande européenne d'énergie, comme l'installation de pompes à chaleur, la réduction de 1 degré de la température des chauffages ou l'accélération de la rénovation et de l'isolation des bâtiments. Il convient toutefois d'éviter la confusion entre sobriété et rationnement, car la première est censée être démocratiquement choisie pour prévenir le second, qui est au contraire brutalement imposé par les pénuries. L'AIE a également recommandé aux gouvernements de mettre fin aux investissements dans les nouvelles infrastructures d'énergies fossiles, d'augmenter massivement les investissements dans les énergies propres et de protéger les consommateurs contre la hausse des prix en taxant les surprofits des firmes énergétiques et en redistribuant les recettes aux ménages victimes de précarité énergétique. Cela permet de rappeler que l'évolution des comportements individuels en matière de logement, de mobilité ou d'alimentation ne peut assurer qu'environ un quart de la réduction de l'empreinte carbone nécessaire pour atteindre les objectifs climatiques – ce qui signifie que les trois quarts de l'effort doivent être pris en charge par les politiques publiques et les entreprises[11].

Une autre leçon importante à tirer de la polycrise mondiale concerne le caractère insoutenable de la financiarisation de l'économie et de l'imposition de rendements financiers excessivement élevés. D'une part, la financiarisation croissante des marchés rend les populations vulnérables à la volatilité des prix de l'énergie, de l'alimentation ou du logement que la spéculation financière amplifie. D'autre part, les rendements financiers à deux chiffres exigés par les actionnaires pour garantir la rentabilité du capital investi dans les entreprises sont le principal moteur de la concentration du pouvoir de marché, de la pénurie d'investissements productifs, de la déformation du partage des revenus au détriment des salaires et de la course au moins-disant social, fiscal et environnemental[12]. Comme l'explique Isabelle Ferreras dans le chapitre IV, mettre fin à ces dérives nécessite notamment de renforcer la démocratie économique en donnant autant de pouvoir aux salariés qu'aux actionnaires au sein des entreprises, et ainsi favoriser des modes de production durables et une répartition plus équitable des gains de productivité[13]. Mais cela implique également, comme le souligne Mathilde Dupré dans le chapitre VI, une profonde réforme du système financier

9 Mc Williams B., Sgaravatti G., Tagliapietra S., Zachmann G., « L'Europe peut-elle vivre sans le gaz russe ? », *Le Grand Continent*, 3 mars 2022.

10 Agence international de l'énergie, « A 10-Point Plan to Reduce the European Union's reliance on Russian Natural Gas », *IEA Fuel Report*, mars 2022.

11 Dugast C. et Soyeux A., « Faire sa part ? Pouvoir et responsabilité des individus, des entreprises et de l'État face à l'urgence climatique », *Carbone 4*, juin 2019.

12 Artus P., « Soigner la cause profonde et pas les symptômes », Natixis, *Flash Économie* 479, 10 juin 2021.

13 Ferreras I., Battilana J. et Méda D., *Démocratiser, démarchandiser, dépolluer, Seuil, 2020.*

et monétaire international, afin d'être en mesure d'enrayer la spéculation financière et d'orienter les flux financiers privés vers les activités durables.

La leçon qui en découle est que si le marché autorégulateur n'a pas été en mesure de gérer la crise du Grand Confinement, il n'est pas davantage capable de coordonner la reconstruction écologique et sociale post-Covid. On le constate autant avec la répartition inégale des vaccins distribués selon la loi du plus fort qu'avec le défi climatique qui consiste à réduire rapidement les émissions de gaz à effet de serre pour atteindre la neutralité carbone au milieu du siècle. Ce défi doit être relevé dans un contexte de crise sociale et d'incertitude radicale découlant des chocs provoqués par la pandémie de Covid-19, les dérèglements climatiques et la guerre en Ukraine. Une telle transformation des systèmes énergétiques et des modes de production et de consommation ne peut advenir en un laps de temps aussi court sans l'intervention volontariste de l'État. Ce dernier doit non seulement être en mesure de coordonner les acteurs publics et privés et de former une coalition de groupes sociaux et économiques sur base d'un nouveau contrat social, mais il doit aussi être capable de planifier les investissements nécessaires, de financer les infrastructures, de soutenir le développement des nouvelles technologies vertes et d'assurer l'accompagnement social de la transition – qui implique le développement de nouveaux secteurs, mais aussi la disparition progressive des secteurs polluants. L'État doit être en mesure de réduire les risques du secteur privé et des ménages en fixant le cap de la transition et en garantissant les moyens nécessaires pour atteindre les objectifs[14]. Il doit également s'assurer que la transition numérique, que la crise du Grand Confinement a eu pour effet d'accélérer, s'opère de manière cohérente avec la transition écologique[15] et ne vient pas exacerber les inégalités, la concentration du pouvoir de marché des géants du numérique et les menaces contre la démocratie[16].

Un tel État social-écologique ne sera toutefois en mesure de relever le défi de la reconstruction post-Covid que s'il parvient à résoudre la crise de légitimité démocratique et qu'il inscrit son action dans un cadre de coopération multilatérale et de solidarité internationale.

D'une part, une des leçons de la pandémie de Covid-19 est qu'il n'est pas possible de répondre démocratiquement à des crises mondiales auxquelles les sociétés et les gouvernements ne sont pas préparés. Or une reconstruction réussie dépend de l'adhésion des citoyens. C'est pourquoi il est crucial de définir des processus démocratiques pour prévenir les crises écologiques et sociales et être en mesure de s'y adapter sans devoir sacrifier les libertés individuelles et les droits humains. Répondre

---

14 De Catheu L. et Gambacurta-Scopello R., « Un État pour la planification écologique », *Le Grand Continent*, 5 mai 2022.

15 Vidalenc E., *Pour une écologie numérique, Les Petits Matins/Institut Veblen, 2019.*

16 Levêque F., *Les entreprises hyper-puissantes. Géants et Titans, la fin du modèle global ?*, Odile Jacob, 2021.

à la crise de légitimité de la démocratie libérale implique de renforcer la participation citoyenne, mais la démocratie tire moins sa légitimité de la noblesse de ses valeurs que de sa capacité à garantir une vie décente aux citoyens. En d'autres termes, la confiance dans la démocratie dépend de sa capacité à répondre aux besoins de la société dans son ensemble. Enrayer la crise de légitimité démocratique implique dès lors de résoudre la crise d'efficacité des gouvernements qui ont abandonné, dans le contexte d'une mondialisation néolibérale prétendument autorégulée, les marges de manœuvre politiques nécessaires pour imposer leurs choix démocratiques aux marchés. Cet enjeu est d'autant plus crucial dans le contexte de repolarisation du monde entre les démocraties occidentales et les régimes autoritaires chinois et russes. En effet, le modèle de la démocratie libérale ne sera légitime et attractif aux yeux des populations que s'il est en mesure de répondre à leurs demandes sociales.

D'autre part, comme le souligne Isabelle Durant dans le chapitre 7, la réponse à la polycrise mondiale ne peut être que multilatérale, car malgré les tensions et les conflits, seule cette échelle est pertinente pour apporter des réponses efficaces dans un monde interdépendant. La coopération multilatérale permet aux États d'imposer des normes communes aux acteurs transnationaux et d'enrayer la course au moins-disant social, fiscal et environnemental. La reconstruction post-Covid devrait dès lors s'accompagner d'une réforme de l'architecture institutionnelle multilatérale.

Cela ne signifie pas pour autant que toutes les décisions doivent être prises à cette échelle. Non seulement il existe d'importantes marges de manœuvre politiques à l'échelle nationale et régionale, mais les règles internationales inutilement intrusives représentent en outre autant d'arguments pour justifier le discours en faveur du repli nationaliste. Il est préférable d'adopter une approche novatrice du principe de subsidiarité pour limiter les décisions supranationales aux domaines qui ne peuvent être traités qu'à ce niveau – tels que le climat, les pandémies, la finance mondiale, le commerce international ou les migrations. L'efficacité de la réponse multilatérale à ces enjeux mondiaux dépend en outre de politiques territoriales mises en œuvre par les pouvoirs publics nationaux et locaux – que cela soit en matière de santé publique, de transition écologique, de réglementation bancaire ou d'accueil des demandeurs d'asile.

Enfin, la reconstruction post-Covid doit reposer sur la solidarité internationale. Les pays en développement sont durement affectés par la polycrise mondiale et ne disposent pas des marges de manœuvre budgétaires suffisantes pour financer la reconstruction. La résolution des enjeux mondiaux n'est de toute façon pas envisageable sans prendre en compte les intérêts de la majorité de la population mondiale. C'est pourquoi la solidarité internationale relève de plus en plus de l'intérêt des pays riches. En particulier, Kako Nubukpo souligne dans le chapitre 5 combien les destins de l'Europe et de l'Afrique sont intimement liés.

Répondre efficacement à une pandémie nécessite de distribuer les vaccins et les autres traitements en priorité aux populations qui en ont le plus besoin, car elle ne peut être enrayée que lorsque c'est le cas partout dans le monde. De même, la décarbonation de l'économie mondiale ne sera pas possible si elle ne concerne que les pays qui en ont les moyens. Or selon l'AIE, si les pays industrialisés de l'OCDE ont planifié 373 milliards de dollars de dépenses publiques dans les énergies propres d'ici 2023, soit un montant proche des dépenses nécessaires à court terme pour respecter la trajectoire menant à la neutralité carbone en 2050, les pays en développement n'ont alloué que 52 milliards de dollars d'ici 2023, soit seulement le quart des dépenses nécessaires à court terme pour être en phase avec l'objectif de « zéro émission nette » au milieu du siècle[17]. Il est donc indispensable de s'assurer que les pays en développement disposent des moyens et des technologies nécessaires pour être en mesure d'atteindre les Objectifs de développement durable. Plus généralement, la garantie des biens publics mondiaux devrait être un enjeu central de la reconstruction post-Covid.

En résumé, les ruptures provoquées par la crise du Grand Confinement offrent des arguments solides pour une reconstruction post-Covid reposant sur le droit universel à la santé et à la protection sociale, un nouveau pacte social fondé sur la justice fiscale, un nouveau modèle de développement décarboné et préservant les écosystèmes, la réorganisation des chaînes de production pour les rendre résilientes et durables, l'extension de la démocratie politique et économique et le renforcement de la coopération internationale. L'avènement d'un tel Green New Deal planétaire est toutefois loin d'être garanti.

D'une part, les forces néolibérales voient dans la polycrise mondiale qui met les États sous pression une opportunité de restaurer au plus vite l'agenda de la financiarisation fondé sur la discipline de marché, l'austérité et la course à la compétitivité. Les géants industriels et financiers bénéficient en outre d'effets d'aubaine qui leur permettent d'augmenter leurs profits, leur pouvoir de marché et leur capacité d'influence politique. Les industries pharmaceutiques ont ainsi cherché durant la pandémie à empêcher le partage de leurs droits de propriété intellectuelle et de leurs technologies pour préserver leurs monopoles. Les géants du numérique ont renforcé leur position à la suite de l'accélération de la transition numérique engendrée par la pandémie. Ils envisagent de tirer profit de l'avènement d'un capitalisme de plateformes et d'une société de surveillance. Les compagnies gazières et pétrolières utilisent quant à elles la flambée des prix et les craintes de ruptures d'approvisionnement pour renforcer leur position et inciter les gouvernements à prendre des décisions dont les conséquences pourraient être désastreuses pour le climat. Débordant de cash, elles peuvent investir dans l'extraction à court terme et l'exploration de nouveaux projets

17 IEA's Sustainable Recovery Tracker : https://www.iea.org/reports/sustainable-recovery-tracker/tracking-sustainable-recoveries

à plus long terme qui pourraient leur permettre de maintenir leurs activités dans les énergies fossiles pendant des décennies. Pareillement, les quatre sociétés qui concentrent plus des trois quarts du commerce mondial des céréales (Cargill, Louis Dreyfus, Bunge et Archer Daniels Midland) ont enregistré des profits records grâce à la flambée des prix qui a fait basculer des centaines de millions de personnes dans l'insécurité alimentaire. Détenant la majorité des stocks mondiaux, elles ont intérêt à maintenir le doute sur les niveaux de stocks disponibles pour alimenter la hausse des prix dont elles peuvent tirer profit.

D'autre part, les forces nationalistes et conservatrices pourraient tirer profit de l'insécurité économique, sociale et géopolitique croissante et de la crise de légitimité des partis traditionnels pour faire avancer leur agenda national-populiste et identitaire porté par des leaders charismatiques autoritaires, dont le discours est fondé sur l'exclusion des minorités et l'avènement d'une société fermée mettant en péril les fondements de la démocratie libérale – tels que l'universalité des droits humains, la séparation des pouvoirs et la participation citoyenne. Une telle perspective entraînerait des conséquences dramatiques, d'un point de vue non seulement démocratique, mais aussi économique, social et environnemental, car la stratégie du discours national-populiste consiste à retraduire les enjeux économiques en enjeux identitaires, afin de cibler des boucs émissaires plutôt que le caractère inégalitaire et insoutenable du système économique dominant. Les partis nationalistes et d'extrême droite sont généralement climatosceptiques et opposés à la justice fiscale et à l'État-providence. Bien que cherchant à capter les voix des perdants de la mondialisation, ils n'ont en réalité aucunement l'intention de modifier le système inégalitaire dont ils tirent profit[18]. Au contraire, ils prônent un modèle de société où « l'exclusion des uns a valeur d'inclusion des autres »[19].

En conclusion, si les ruptures découlant de la crise du Grand Confinement amènent des arguments solides pour justifier des réformes radicales permettant de faire de la polycrise mondiale actuelle une opportunité d'instaurer un Green New Deal, les forces contraires sont puissantes et déterminées. Nous ne sommes sans doute pas au bout de nos surprises. Des dogmes pourraient continuer de tomber à mesure que des certitudes d'hier sont balayées par des ruptures historiques. Les périodes de grands bouleversements sont généralement sujettes à la contestation citoyenne et aux révoltes sociales. C'est la manière dont ces forces sociales trouveront ou non les débouchés politiques suffisants pour former un « bloc historique » majoritaire qui déterminera la configuration de la reconstruction post-Covid.

18 Geiselberger H. (dir.), *L'âge de la régression. Pourquoi nous vivons un tournant historique*, Éditions Premier Parallèle, 2017

19 Camus J.-Y. et Lebourg N., *Les droites extrêmes en Europe*, Seuil, 2015, p. 295.

Dépôt légal : octobre 2022 N° imprimeur : 102273403

Imprimé en France par Présence Graphique - Monts.